…ogy of Deceit and **Deception**

Sociology of Deceit and **Deception**

詐騙社會學

臺灣大學社會學系名譽教授
孫中興——著

華人第一本探索詐騙、謊言與信任的專書

suncolor
三采文化

CONTENTS

目錄

序言
人間何處無詐騙

我在臺大社會學系教書三十五年，前後開設過不少課程。二〇一三年之後，適逢學校教學發展中心邀約開設「開放式課程」，讓更多人能夠自主學習到臺大的優質課程。因為跟我的「有教無類」的理念一致，所以就從當時頗受厚愛的「愛情社會學」開始到二〇二二年八月退休為止，將我精心開設過的十門課程的上課錄影及講義都放上學校的開放式課程網站，希望跟有興趣的人分享我的教學興趣與內容。

可是我的教學興趣不只是這十門課程而已。二〇一九年秋季，我將在課堂上預告多年的「詐騙社會學」放上了教學課表，先後開設了三個學期。當初因為自覺在課程內容上不夠完善，所以並沒有錄製、放上開放式課程。現在和編輯商量的結果，選出一些內容比較充實的主題，整理成各位手中的這本書。

在原先教學的進度裡，我會先有一個詳盡的各週主題探討方向以及相關的參考書目，方便像我一樣喜歡「自學」的人有個「治學的門徑」可循。授課內容上，多年來，我一貫地是以「基本問題」開頭，從幾種我熟悉的中外語文中討論和「詐騙」相關的概念，追溯該概念在歷史上的流變，並且參考許多前人的定義以及研究路徑。

然後，總結我對詐騙的定義和可以用來研究詐騙的社會學分析架構，接著從這個分析架構來討論詐騙的各個面向。我通常會先從歷史面著手有關詐騙主題的歷史故事，以及歷來思想著作對於詐騙的分析。我雖然當初是從別的書上或網路資訊學到這些知識的，但是會盡量回到原始文獻或原典，盡量從思想家或是其原典的整體脈絡來解析他的原意，盡量排除「斷章取義」的通說。雖不敢求參考文獻的詳盡，但是徵引講解之處一定是經過自己的理解才敢下定論。

之後會引用我的社會學理論專長，找出相關的社會學概念來解釋詐騙的不同層面，讓學生學會活用看似「枯燥、抽象、無用的」社會學理論。再進入社會學的主題：自我與他者、四大社會不平等（年齡、性別、族群、階級）和主要社會制度（家庭、學校、職場、政治、經濟、宗教、文化、科學……）。但是有些主題限於時間以及自己的能力，沒法都找到足以充當教學的相關資料，只好割捨，靜待自己或其他後繼者未來的努力。

這本書的初衷，就是希望能讓更多人認識到社會中各方面的詐騙，所以就將比較「學術」的內容，選取一些和大眾生活息息相關的主題，跟大家分享一下社會學或社會科學分析的成果。透過社會學，從人與人、人與群體的探討角度，有別於其他學科如心理學、生物學或人類學的切入點，讓各位可以藉著理論、研究與思考，對詐騙這種無所不在的社會現象有更深的認識，而不是因為被動受難受害而自責自己太笨，或是怨天尤人。

許多人就算是幸運地沒有碰過詐騙事件，一定也在生活中或各種媒體上看到詐騙的報導。影視作品中類似的主題除了虛構故事之外，也有將真實故事改編的作品。雖然看似有這麼多對於詐騙的描述和提醒，還有防止詐騙的警方專線（165），但還是防不勝防。

詐騙集團的國際化和組織嚴密化，以高薪誘惑無知的入當幫凶，在這樣的「道魔相爭」的大環境之下，我們還是可以看到有關詐騙的大大小小新聞，可見防制詐騙的努力還需要大大地從教育、經濟環境和法制各方面加強。這本書的出版就是希望提醒我們，要為此多盡一份心力。

國內的社會學同行或是社會科學界，甚至一般學術界，對於充斥在我們生活的詐騙現象，似乎沒有相對應的關注和研究成果，所以我在搜尋參考文獻時多半也只能從國外研究資料上著手，這是本書比較大的缺陷。在準備出版這本通俗書之前，我對於書中徵引的資料都盡力查回原始文獻，跳過原先對於相關入門書籍及太過專門的細節的過度依賴。

另外，我沒能找到對於詐騙集團的研究，所以對他們的運作只能以社會學理論的抽象論述簡單為之。我想，只有我們對這種集團的形成、組織架構和控制模式的深入了解，對於長遠的詐騙防治恐怕才會有更好的效果。希望各位仍在學術崗位上的後輩們，也能多注意一下這樣困擾人民生活的問題。

最後要感謝林欣誼和戴傳欣兩位小姐在改寫和編輯過程中的指正和協助，沒有她們的幫忙，這本書大概也不可能以現在的方式跟大家見面。不過，大家應該也會很清楚，如果這本書任何地方有事實的錯誤，那當然都是我的疏忽，理應由我負責。我們是本著最大誠意來製作這本書，希望大家可以從中受益。

臺灣大學社會學系名譽教授　孫中興

ch. 1

人類的歷史
也是一部詐騙史？

謊言的紀錄與思辨

「人都很天真，只顧慮到眼前的需求，
竟使得騙子永遠找得到心甘情願被騙的人。」

——馬基維利（Niccolò Machiavelli）

大概從有人類的歷史開始，就有詐騙。原因不是人類都很壞，反而是因為對人的「信任」被利用了。社會不能沒有信任，但有了信任，就有被騙的風險，逃不掉的。我們甚至可以說，如果沒有信賴，就不會有詐騙。

那麼，這本書是如何看待「詐騙」的？

簡單地說，與事實不符或是前後矛盾的言論就是說謊，或是詐騙。這些類似的現象也因為程度不同，我們有時稱為「緘默」、「隱瞞」。雖然在這本書中，大部分的脈絡是交替使用「說謊」或「詐騙」，但是「詐騙」是比「說謊」要來得更為嚴重。

不過，日常生活中也有「不符合事實的虛構行為」並不被認為是說謊或詐騙，比如文藝作品中常常要發表免責聲明「此事純屬虛構，如有雷同，純屬巧合」，而看戲的觀眾也不會在意文藝作品「說謊」或「自己被騙」（但對於「紀錄片」，我們對真實性的要求就會比劇情片要高了許多）。

還有，大家看魔術師表演也知道眼前看到的都不是真的，可是我們還是會在一場精彩表演之後，驚嘆手法的奧妙，而不會覺得魔術師是在說謊或詐騙。就算有破解魔術手法的影片出現，大家也只會驚覺「原來如此」，而不是到司法單位檢舉魔術師詐騙。

因此，基於以上的對照，我們在書中會將「詐騙」看成是一**個過程**，包含了初始時期說謊者（或集團）或詐騙者（或集團），以及被詐騙者（或集團）的**意圖**、**詐騙的內容**、**手法**，以及**產生的結果**。過程中也包括了當時的**情境與規範**等。

在詐騙過程中，詐騙者（或集團）一開始就處在兩種不同的現實模式中進行互動，詐騙的一方從頭到尾都是處在「詐騙模式」，而被騙的一方則處於「真實」的劣勢中，直到後者覺悟到這是「詐騙模式」，一項詐騙行為才真正完成——雖然被騙方的物質及精神損失，早已經在更早過程中就被詐騙方視為完成而「人間蒸發」。

在文藝作品或魔術中，雖然也出現「不是真實」的情況，但是作者或魔術師的動機主要在於娛樂觀眾（當然也要賺錢），而且這種「表演情境」也是當下的「社會規範」所允許的表演方式，結果就不能拿來和說謊和詐騙相比擬。不過，我們這本書並不討論後者這樣的案例。

簡單定義說謊和詐騙之後，我們先從人類歷史的角度來看。在東方和西方經典中，早已記錄了很多關於詐騙的故事和思想，讓我不禁感嘆，不分古今中外，詐騙事件本質上是一樣的，只是被騙的人不一樣而已。我甚至悲觀地懷疑：人類的歷史或許就是一部詐騙史，或是更正面地想，是信任和詐騙纏鬥的歷史。

◈話術、戰術也是一種騙術?從《論語》到《孫子兵法》

在開始簡單的歷史鳥瞰之前，我曾經好奇地檢索一下中國古代的字書，東漢許慎的《說文解字》，發現有「欺」和「詐」，卻沒有我們現在很熟悉的「騙」和「謊」兩個字。而且「欺」和「詐」都和許多「言」字部首的字有關。大概那個時代認為欺或詐都只限於「言說矛盾」或是「言行不一」的部分。

順便介紹一下，這個發現是使用我很倚仗的「中國哲學書電子化計劃」網站（ctext.org）的搜尋功能而獲得的。在該網站的搜尋中，輸入「欺」、「騙」、「詐」和「謊」，就可以找出和關鍵字相關的許多經典的文本。各位可以上網去檢索試試，看我有沒有騙你們。

言歸正傳，首先從我比較熟悉的《論語》來看。

我不是教你詐：《論語》

子路問事君。子曰：「勿欺也，而犯之。」

（〈憲問 二十二①〉）

子路問孔子要怎麼對待國君——這個「君」在現代也可以指職場老闆啦——孔子說，不要欺騙你的上司，要讓他知道世界上真實發生了什麼事，不必掩飾、別拍馬屁。「犯」則是如果上司有過錯，你也要能糾正他。後來也叫做「諫」。

不過，後來子路和冉求去當季氏的手下，卻沒有考慮老百姓的生計而做到「犯」，而是老闆說什麼他們就照做，讓孔子非常生氣。一次是季氏要僭越自己的身分去祭祀泰山，冉求沒有阻攔（〈八佾 六〉）；一次是冉求為已經很富有的季氏去搜刮老百姓的財富，氣得孔子吹鬍子瞪眼睛說：「小子鳴鼓而攻之可也。」（〈先進 十七〉）；再一次是孔子責備季氏要找藉口征伐小國顓臾，子路和冉求都沒有能直言極諫（〈季氏　一〉）。不過，另一位孔門弟子有子就敢當著準備加稅的魯國國君面前提醒他要採取減稅的措施：「百姓足，君孰與不足？百姓不足，君孰與足？」（〈顏淵　九〉）

子曰：「不逆詐，不億不信。抑亦先覺者，是賢乎！」（〈憲問　三十一〉）

「逆詐」就是預先假定別人會騙你。與人來往如果是先這樣想，就不可能發展出好的人際關係，但很多人會被長輩教導或被騙怕了，認為你對我好，背後是不是有不良動機？「不億不信」是不猜測、也不事先

①數字是根據「中國哲學書電子化計劃」網站上對《論語》各篇中的編號，方便檢索對照。

不信任別人。「抑亦先覺者，是賢乎」，是指如果能先知先覺發現誰不可靠、會詐騙，就是一種「賢」嗎？

可見在孔子的時代，就有人已經被騙多了，因此普遍有「不要輕易相信別人、對人不要太誠實」的教訓，或長輩會對晚輩說：「逢人莫說真心話、話到嘴邊留半句」、「別太傻」之類的。但孔子不主張這樣，這一則詮釋的只是那時代大部分人的心態，但跟孔子的想法是相反的。從這句話提到「詐」和「信」，也可以看出孔子早就了解到這兩個道德的共生性。

受害者不要看：《韓非子》

比起儒家對欺騙說謊的討論或主張，法家的《韓非子》非常譴責受害人，常讓受害人遭受「二度傷害」。受害人被騙已經夠難過了，是一級傷害，再加上還被譴責「你怎麼那麼笨」，真是二級或二度傷害。

> 客有教燕王為不死之道者，王使人學之，所使學者未及學而客死。王大怒，誅之。王不知客之欺己，而誅學者之晚也。夫信不然之物，而誅無罪之臣，不察之患也。且人所急無如其身，不能自使其無死，安能使王長生哉？
>
> （《韓非子．外儲說左上　十九》）

以前，皇帝都希望享受榮華富貴，永永遠遠長生不老，燕王也是。上有這個喜好，下就有人來騙騙你，說有長生不老之術。於是燕王就派人去跟他學，但還沒學好，那騙人的傢伙就死了。所以燕王大怒。但燕王不知道那根本就是騙他的，還怒殺了他派去學的人，認為是他去晚了誤了事。

所以韓非子就有後面的評論：不可能的事你還相信，而那傢伙根本沒罪，你還殺了他，你不知道這就是你自己的問題嗎？你的國家不保，禍患就來自這裡。他自己都泥菩薩過江，不能免於一死，他能教你長生不老嗎？用這理論也可以說，如果他真能發財，幹嘛在街上騙人呢？光這樣想你就該知道，他自己都做不到，還來告訴你說他要幫你，除非他是大善人，否則裡面一定有詐。

不過，《韓非子》最經典的故事應該是這一則「和氏璧」：

楚人和氏得玉璞楚山中，奉而獻之厲王，厲王使玉人相之，玉人曰：「石也。」王以和為誑，而刖其左足。及厲王薨，武王即位，和又奉其璞而獻之武王，武王使玉人相之，又曰「石也」，王又以和為誑，而刖其右足。武王薨，文王即位，和乃抱其璞而哭於楚山之下，三日三夜，泣盡而繼之以血。王聞之，使人問其故，曰：「天下之刖者多矣，子奚哭之悲也？」和曰：「吾非悲刖也，悲夫寶玉而題之以石，貞士而名之以誑，此吾所以悲也。」王乃使玉人理其璞而得寶焉，遂命曰：「和氏之璧。」

（《韓非子・和氏 一》）

總結而言，和氏璧的故事說的是「真貨無人知」。你有個寶貝，但不識貨的人認為你騙他，所以他自認有權傷害你；另一個人也認為你騙他，也跟著傷害你，到最後終於有人知道：「唉呀，這真的是寶玉。」但你已經身受兩次傷害了。

故事中的和氏在楚國的山中得到一塊玉石，把它獻給厲王。厲王找了專業人士來看，專業人士說這哪是玉，只是塊石頭。厲王覺得和氏騙了自己，就把他左腳砍了。等厲王死後，兒子武王即位，和氏這個可憐的傢伙又獻上玉，武王又找了一個玉人來看玉——不知是不是同一人——又說是石頭。武王想說你嫌一隻腳還太多嗎？又把他右腳也砍了。好了，這下他兩隻腳都沒了。

武王死了，文王即位，和氏沒了腳還有手，就抱著玉在當初發現玉石的楚山哭了三天三夜。文王聽到這消息——可能那地方不大，不像網路有人直播——就派人去問怎麼回事。問的人說，天下被砍腳的人太多了，你這有什麼好哭的呢？可見楚國刑罰的狠勁。和氏說我不是悲痛自己的腳被砍了，而是這明明是塊寶玉，卻被不識貨的人說是石頭。他的重點是後面這句話，證明他是一個堂堂正正的楚國人，這麼正直卻被當成騙子，這才是難過之處。

於是文王又找了一個玉人（顯然不是前兩個），再把玉石整理一下，發現這真的是寶玉啊，便命名為「和氏之璧」。但和氏的兩條腿已經沒了，抱著忠貞之心卻被誤會，冤枉不冤枉！難道前面兩個不稱職的「玉人」不用受到處罰嗎？

這也是詐騙社會學中的一個教訓，如韓愈所說：「千里馬常有，而伯樂不常有。」許多人在學校、在職場努力做事卻不受重用，或做事的功勞被人搶走，也會有和氏這樣的「千古一嘆」。

而且當不識貨的專家（玉人）的決定權被視為無可質疑的專業意見時，結果更可怕！當一個以鑑定為工作的專業人士，萬一被買通或看走眼，真跡可能就變成不值錢的東西。反過來說，他們把假的東西說成是真的，自己也能賺上一筆。也可以說在詐騙事件裡，「專業人士」扮演了一個關鍵角色。

戰術也是騙術：《孫子兵法》

我們再來看看《孫子》。

其實我喜歡說書名是《孫子》而非《孫子兵法》，因為孫子要講的終極目標其實是避免戰爭，以和平為貴，而不是打打殺殺，只想到贏。在〈謀攻〉中，孫子就強調「全」是首要目標：

凡用兵之法，全國為上，破國次之；全旅為上，破旅次之；全卒為上，破卒次之；全伍為上，破伍次之。是故百戰百勝，非善之善者也；不戰而屈人之兵，善之善者也。故善用兵者，屈人之兵，而非戰也；拔人之城，而非攻也；毀人之國，而非久也。必以全爭于天下，故兵不頓，利可全，此謀攻之法也。

在「全」的大目標之下，孫子才提到：

兵者，詭道也。故能而示之不能，用而示之不用，近而示之遠，遠而示之近。利而誘之，亂而取之，實而備之，強而避之，怒而撓之，卑而驕之，佚而勞之，親而離之。攻其無備，出其不意，此兵家之勝，不可先傳也。

（〈始計〉）

「故能而示之不能」指就算有那個能力，也要裝作沒有，「用而示之不用」是有那個能力你不要用出來。「攻其無備，出其不意」是趁對方還沒準備好時就進攻，所以你要隨時準備好，讓對方進攻時也不容易打擊到你，但他沒有告訴你要主動出擊，只告訴你要有比較好的守備。

故兵以詐立，以利動，以分合為變者也，故其疾如風，其徐如林，侵掠如火，不動如山，難知如陰，動如雷霆。掠鄉分眾，廓地分利，懸權而動，先知迂直之計者勝，此軍爭之法也。

〈〈軍爭〉〉

如果只看「兵以詐立」，會覺得孫子兵法就是教人詐呀！「以利動」是要看有沒有利益再行動。「掠鄉分眾，廓地分利，懸權而動，先知迂直之計者勝，此軍爭之法也。」光看這段也會覺得，打仗就是要靠這種詭詐。但看了全文就明白，這不是他認為最好的方式。所以「斷章取義」是不推薦的讀書方式。

故用間有五：有鄉間、有內間、有反間、有死間、有生間。五間俱起，莫知其道，是謂神紀，人君之寶也。鄉間者，因其鄉人而用之。內間者，因其官人而用之。反間者，因其敵間而用之。死間者，為誑事于外，令吾間知之，而傳于敵。生間者，反報也。

故三軍之事，親莫親于間，賞莫厚于間，事莫密于間，非聖智不能用間，非仁義不能使間，非微妙不能得間之實。微哉，微哉，無所不用間也。間事未發而先聞者，間與所告者皆死。

（〈用間〉）

《孫子》也被認為是最早提出建議打仗要做情報工作的，也就是我們現在常說的間諜。看〈用間〉，古時候沒有衛星，不知道敵方情況，現在即使有衛星了，還是得靠間諜提供你看不到的情報。「間」很重要，現代可以靠電子器材等科技方式監聽，但靠對方的人反叛來洩漏消息，依然很重要，所以「親莫親于間，賞莫厚于間」；「親」就是情感，「賞」是經濟上的利益。「事莫密于間」就是要非常保密，像現在法律上的「保密協定」，很多事情不能說，如果是間諜，洩了密大概只有死路一條。

「非聖智不能用間」表示這是很高智慧的事，像聖智這麼「高級」的人才能做。「非仁義不能使間」表示還是要有仁義，不然誰替你賣命？間諜就是全世界的人都誤會他時，總要有一個上司是相信他的，賣命後會有個人擔保他，他才願意做這樣的工作。「非微妙不能得間之實」就是「反間諜」，反間諜說的話到底可不可信？或有時要讓對方的間諜誤信你要給他的假訊息，這些都是很微妙的。

《三國》就有「用間」的例子，周瑜假裝喝醉，故意讓蔣幹發現假情報，誤斬了曹營兩個將領。其實「蔣幹盜書」的故事在現代看來非常殘忍，如果你站在贏的這一方，當然覺得對方該死；但站在人道主義的立場，那些人都很無辜，沒有人是該死的，卻這樣被害死了。所以「微哉，微哉，無所不用間也」，真的是非常細緻微妙，非常難說明白的事情啊！

在很特別的或戰爭的情況下，這些詐與騙是被讚揚的。尤其在以國家利益為優先的前提下，這些詐騙是不會被譴責的，但這與日常生活中的詐騙不一樣。

另外有一個在日常生活中、關乎國家利益的特別情況，就是用網路駭進政府網站、洩漏政府機密。如果在平時，你被抓到可能會被懷疑是敵方派來的，嚴重的話會被判刑。但如果是在戰爭期間，你替政府以同樣的手法瓦解敵方的訊息，因為立場不同，就會有完全不同的結果。這就是我們前面提到，同一種行為在不同社會情境下會有「是詐騙或是愛國行為」的不同判斷。

古人早就知道用家人生病來請假：《世說新語》

講到詐騙，一定要提起《世說新語》裡一則故事。

陳仲弓為太丘長，時吏有詐稱母病求假。事覺收之，令吏殺焉。主簿請付獄，考眾姦。仲弓曰：「欺君不忠，病母不孝。不忠不孝，其罪莫大。考求眾姦，豈復過此？」

（〈政事 一〉）

當時有官員謊稱媽媽生病了想請假，後來，陳仲弓發現事情不是真的，叫人把這個說謊的官給殺了。主簿就說好吧，把他抓去關起來，看看還有多少人跟他是一樣的。陳仲弓還說，欺君的人是不忠於皇上，說母親生病根本詛咒她，是不孝。在傳統政治中，沒有比不忠不孝更壞的事了。即使到現在，欺騙長官仍是道德上不能被接受的。

至於為什麼要提這故事，因為《世說新語》差不多距今兩千年左右了吧，但到現在，還是很多人會在上課時有什麼祖母過世啊、母親生病啊要請假的情況，可見這一套真是幾千年的老套。

傻眼！明朝就有詐騙集團懶人包：《騙經》

接下來要講的，是最早引起我對「詐騙」興趣的一本書《騙經》。

明朝末年，張應俞寫了一本《杜騙新書》（或名《騙經》），用意是杜絕詐騙。內容寫了脫剝騙、丟包騙、換銀騙、詐哄騙、偽交騙、牙行騙、引賭騙、露財騙、謀財盜騙、盜劫騙、強搶騙、在船騙、詩詞騙、假銀騙、衙役騙、婚娶騙、姦情騙（就像現在講的仙人跳）、婦人騙、拐帶騙、買學騙（假學歷）、僧道騙、煉丹騙、法術騙、引嫖騙等等……總共二十四類。每一類下面還有小分類，收集了各式各樣關於詐騙的故事，比如〈脫剝騙〉有個故事叫〈假馬脫緞〉，〈丟包騙〉裡的故事〈路途丟包行脫換〉，〈引嫖騙〉的〈父尋子而自落嫖〉。

透過這些古代故事，可以看出作者對當時或更早時代的詐騙活動觀察與紀錄，也得出三個總結：**詐騙者身分**、**誘因**及**被詐騙對象的身分**。

第一是**詐騙者**——在故事中，有時叫「棍」——的**偽裝身分**：有時偽裝成高社會地位人士，如富人、公子、高官，或者低社會地位人士，如商人（商人在中國傳統社會中地位很低）、和尚、道士、妓女、乞丐等等，尤其妓女、乞丐常被認為是沒有道德的。

第二是**誘因**。根據《騙經》故事，首先是為了「財」，想賺錢或貪小便宜，比如在路上撿東西。其實現在的人也會被教導別在地上亂撿紅包，因為那是「冥婚」手段，撿了之後會有人跑出來，要你跟他死去的女兒（或兒子）結婚。

再來是為了「色」，因而出現色誘的圈套。這是人類很難抵抗的弱點。就像多年前，有位演員說：「我犯了全天下男人都會犯的錯。」但怎麼他做錯事就把「全天下男人」拉下水呢？真是的。

還有為了「長壽」，因此故事裡有煉丹、長生藥的騙局。如果你生病了很痛苦絕望，這時，有人告訴你有些醫療技術可以救命，你一定會相信啊，認為錢算什麼，能救命最重要。

第四是「請求救援」，比如有些人會騙小朋友說「去幫叔叔買個什麼」之類的，小朋友因為好心就被騙了。

第三是**被欺騙者的身分**。當然是有錢人，是乞丐誰要騙你啊？或者是要進京趕考的書生、就像考上台北學校或北漂來工作的北部以外的人。當然現在都是用網路銀行或ＡＰＰ進行金流，不會有大筆現金在身上，但就算是安放在銀行或郵局存款也很容易被騙啊，尤其在租房子時，各種被騙的可能性都有。

重點是，明朝人就整理出這麼詳盡的詐騙紀實，還寫成一本書，可是至少從明朝以後到現在，不是還在繼續詐騙嗎？人類社會要能沒有詐騙，可能真的是一個不切實際的期待。我是相信詐騙不會滅絕的，但也不是太悲觀——因為詐騙就是一個人類常見的現象。只是關於詐騙的知識，我們如果能夠透過各種知識面向而多了解一下，或許就不會那麼容易上當了。我們大概只能自我要求不騙人，除非生死關頭之際，但是大概很難期待別人不騙我們，不管什麼時候。

◈善意的謊言討論：《聖經》

接下來，我們先從中國歷史上著名的書籍開始，接著也要來看看西方的經典中有什麼對詐騙或謊言的紀錄。

談到西方的經典，不能不談到習稱的《聖經》。《聖經》也記載了有關說謊的故事，而《舊約》又比《新約》多一些。此外，亞里士多德、奧古斯丁、阿奎納、馬基維利和康德啊，他們對謊言的看法與論辯，也是西方思想史上很重要的觀點。我們就分別簡單地敘述如下。

在《舊約．創世記》第三章，大眾熟知的關於伊甸園及亞當夏娃的經典故事中，蛇對女人說，吃了果子「你們不一定會死。」在近東開闢史詩裡，神和人的差別為神是不朽的、不會死的，而人是會死的，這是西方神話對人、神重要的區分。但如果神依照自己的形象造人，人是不是也不會死？

照這推論，亞當夏娃原來可以長生不死，如果吃了樹上的果子就會死。而蛇說的「不一定」會死，是很含混的詞，表示有機會不死，但也有機會會死啊？會死或不死的百分比是多少？這就像你問老師說，這學期是不是一定會過？老師說：「你們不一定會過，也不一定不會過。」有說跟沒說一樣。報告寫得好就會過，寫不好就不會過。所以這裡的「不一定」是很含混的詞，表達的意思不確定，但會給人一個一廂情願的想法，就是「不會死」。

蛇又說：「因為神知道，你們吃的日子眼睛就明亮了。因為神知道，你們便如神能知道善惡。」可以推論，原來人的眼睛顯然是不明亮的，還沒吃的時候，也沒有善惡的問題。這在神學中很有討論空間。

後來神質問，男人就把問題往女人身上推，歸罪給女人。接著，女人說：「那蛇引誘我，我就吃了。」人家叫你吃，你可以吃、也可以不吃，這就是你的自由意志，人家有拿刀子架脖子上叫你吃嗎？自己想吃還賴別人，我們現在大概會這樣想。後來，耶和華就詛咒了蛇，蛇從此沒有腳；耶和華又說蛇終身吃土，所以，現在流行說「你去吃土了」其實是跟聖經有關。

那麼，故事裡是誰騙了誰？耶和華本來說：「你們不可吃，也不可摸，免得你們死。」結果，人吃了後也沒死。硬要解釋的話，這個「死」是指無法變成長生不老那樣的「永生」狀態。

因此《創世記》這一篇裡有謊言嗎？人騙了上帝嗎？亞當說是太太叫我吃的，有說謊嗎？女人說是蛇說的，只是推卸責任而已。所以有誰說謊？蛇說不一定會死，這句含混的話是謊言嗎？

那麼，蛇又是哪裡來的呢？是耶和華神創造的嗎？或者蛇是墮落的天使呢？那造園子的時候，怎麼就沒注意到有蛇在那裡呢？如果徹底沒有蛇，這兩個人是不是也不會受到誘惑了？這是一個觸及謊言的故事，卻也有很多值得思考、討論的地方。

當然《聖經》中也記載，有時誠實可能會遭受性命威脅，此時要靈巧像蛇地來應對，比如〈馬太福音10：16〉：

「我差你們去，如同羊進入狼群；所以你們要靈巧像蛇，馴良像鴿子。」

《聖經》中關於謊言的故事，重點仍在於神不主張說謊，但在特別情況，或者為了救別人一命，可以有一些靈巧的應對。而從社會學角度探討詐騙的時候，我們也可以思考一下，如果詐騙是為了一個更大利益，而不是自己個人的利益，而且是在特殊情況下、沒有別條路可走了，大部分的人是不是會覺得這個謊言情有可原，可以接受？

◈哲學家們的詐騙分析：從亞里士多德到馬基維利的《君主論》

在西方哲學中，關於詐騙、謊言的敘述也出現得很早。那麼，善於思辨的哲學家又是怎麼看待詐騙這件事？同時他們對於何謂說謊、定義真誠的概念，也可以作為很好的思辨訓練。

古希臘哲學家亞里士多德在《尼各馬可倫理學》第四卷第七段中，將人分成三種：誠實的人，是最好的；自誇的人，是把自己說的比實際要好；自貶的人，把自己說的比實際要差，也是華人說的謙虛。

> 「按照通常的理解，自誇的人（boaster）是表現得自己具有某些受人稱讚的品質，實際上卻並不具有或具有的不那麼多；自貶的人士（self-depreciator）表現的自己不具有他實際上具有的品質或者貶低他具有的程度。有適度品質的人則是誠實的，對於自己，他在語言上、行為上都實事求是，既不誇大也不縮小……就其本質而言，虛偽是可譴責的，誠實則是高尚的（高貴）的和可稱讚的。所有具有這種適度品質的誠實的人是可稱讚的；虛偽的人，尤其是自誇的人，則是可譴責的。
>
> 「使得一個人成為自誇者的不是能力，而是選擇：一個人是因為形成了自誇的品質才是一個自誇者。這就好比，有的人說謊因為喜歡說謊，有的人說謊則是為得到榮譽或好處。
>
> 「同誠實的人相對立的似乎是自誇的人，因為自誇（boastfulness）是比自貶（self- Depreciation）更壞的品質。」

這邊的自誇、自貶都是孔子說的過與不及。孔子認為「過猶不及」，兩者都是不好的，亞里士多德則認為真要比的話，自誇是更不好的。亞里士多德強調所有德性都是「適度的品質」（Mesotes; Mean）和儒家的「中庸」觀念是一樣的。

八種謊言分類：奧古斯丁

另一個哲學家是在西方基督教史上非常重要的人物奧古斯丁（Aurelius Augustine，或譯「奧斯定」）。他其實年少時非常荒淫，也非基督徒，後來才改信天主教。他最有名的書之一是《懺悔錄》，還有一篇長文〈說謊〉，其中第二十五節中將謊言分成八種。在四十二節中，奧古斯丁又重複述說一遍，以彰顯「聖經裡所有的見證都無不表明，我們千萬不可說謊。」

他講得非常絕對，不像前面說的，因為生死攸關就可以「靈巧地應對」。我整理了他這八種謊言的分類，分類原則似乎是：**內容**（教義的正確與否）、**結果**（對人的有益或有害，身體上的玷汙）、**動機**（說謊和騙人的欲望，取悅人的欲望，幫助別人）。

八種謊言的分類是：

第一類：「最先要避免的是那種大謊言，就是在信仰教義上說的謊言，人必須遠遠逃離，陷入這種謊言之中。」

第二類：「不正當地傷害某人，也就是對任何人無益，但對某人有害。」

第三類：「有益於某人，但同時要傷害到別人，不過沒有身體上的玷汙。」

第四類：「出於單純的說謊和騙人的欲望而說假話，是一種純粹的謊言。」

第五類：「出於用令人愉快的談話來取悅於人的欲望而說的謊。所有這些都要徹底避免和拒斥。」這個舉例就像有人說：「孫老師，你越看越年輕了！」「孫老師你瘦了！」這會讓聽的人愉快，但並不是真實的，至少跟我的體重計的顯示是不太一樣的。

第六類：「不但對任何人毫無傷害，而且對某人有幫助。比如說，某人為防止別人盜取他的錢財，把它們藏起來，知道隱藏地的人無論面對誰的詢問都說不知道。」

第七類：「也無害於任何人而有益於某些人，除非審判官來傳問。比如，不想出賣一個被追捕要治死的人，你就得說謊，不僅對無辜的義人如此，就是對一個罪犯，因為根據基督教律法，既不能斷絕人改正的道路，也不能阻擋人悔過的道路……勇敢、忠誠而可靠的男人女人們都應當避免這兩類謊言。」比如為了救朋友而說謊，這種罪會比較輕。大家可以等著看後面康德對於類似的案例有什麼說法。

第八類：「不傷害任何人，同時有助於保護某人不受身體玷汙，至少是我們上面提到的玷汙。」

奧古斯丁又說：「在這八類謊言中，越靠後的謊言罪越小，越靠前的謊言罪越大。但凡有人以為有哪種謊言不是罪，那是愚蠢的自我欺騙，騙了別人還自以為是誠實的。」這就像中國經典《禮記・中庸》講的「慎獨」：「是故，君子戒慎乎其所不睹，恐懼乎其所不聞。莫見乎隱，莫顯乎微，故君子慎其獨也。」指君子在沒人看到、聽到的地方也要對自己的言行舉止謹慎敬畏，也是《大學》裡講誠意勿自欺的「慎獨」。

相反真實與四個思考：阿奎納

接下來，中古時期的神學家及哲學家阿奎納（Saint Thomas Aquinas），在《神學大全》裡的第十冊《論義德之功能部分或附德》中的第一百一十個問題（第365-379頁），也討論了〈論相反真實的惡習〉。他用「相反真實」來稱呼「謊言」，裡面分成四節，很有條理地將每一節分成四個部分：**質疑**、**反之**、**正解**、**釋疑**。

關於謊言，他認為可以提出四個問題：

一、謊言是否由於含有虛假，而常相反真實。
二、論各種謊言。
三、謊言是否常是罪。
四、謊言是否常是死罪。

《聖經》中討論的謊言，有的是出於善意，有的是出於危險而要靈巧應變，而身為神學家與哲學家的阿奎納提出的第三節「謊言是否常是罪」，他的探討與觀點就很值得我們關注了。

「質疑　似乎不是所有的謊言都是罪。因為：〔下列六項理由〕」

「反之《德訓篇》第七章第十四節卻說：『任何謊話都不要說。』」

「正解　我解答如下：那按其本質，本身原本是惡的，就絕對不可能是善而可以去做的；因為一件事物，必須在各方面都正當，才是善的。因為，『善當面面俱到，惡則缺一即成』，如同狄奧尼修在《神名論》第四章裡所說的。可是，謊言按其本類就是惡的，這是由於它的行動是關於一種不正當的質料或對象的緣故。因為，言語本來是理智的自然記號。所以，如有人用言語表示一些不是自己心思中的東西，這是相反自然的不正當的事。為此，哲學家在《倫理學》卷四第七章裡說：『說謊本來就是惡事，應該避免的；誠實卻是善事，值得稱讚的。』所以，所有的謊言都是罪。這也是奧斯定在《反謊言》第一及第二十一章裡所說的。」

至於「謊言是否常是罪」的釋疑很長，我們簡單列舉兩點：

「釋疑 1.不得認為福音或任何一部聖經正典裡，含有什麼假的言詞，或者聖經的作者說了什麼不真實的事；因為這樣，信仰就會缺乏其以聖經為基礎的確實性，以不同的方式記述某些人所說的話，這並不是謊言。所以，奧斯定在《論四聖史之和合》（De Consensu Evangelist）卷二第十二章裡說：『為知道真理，理解涵義是必要的，不管是用什麼樣的言詞來講解；誰明智地了解到這一點，就絕對不會感到費解。』後來他又接著說：『由此可見，如有幾個人在回憶他們所見所聞的事時，沒有用同樣的方式和同樣的字句，把同樣的事敘述出來，我們不可因此就斷定有人說了謊。』」

這裡談到「以不同的方式記述某些人所說的話」，也就是所謂的「隱匿」。隱匿不到說謊那麼嚴重，可能是為了保全別人面子或記憶失誤，這如果要稱為「詐騙」恐怕就太沉重了。

「釋疑 5.有所承諾的人，只要有意想履行自己的承諾，就沒有說謊，因為他並沒有不照自己的心思說話。不過，如果他不實行自己的諾言，他似乎改變主意，不守信用。可是，為了兩種理由，他可以不必守信。第一個理由，如果他所許的事，顯然是一件不可以做的事：因為他承諾時已犯了罪，所以他改變主意反而做的對。

第二個理由，如果人與事的情形改變了。如同辛尼加在《論施惠》卷四第三十五章裡所說的，為使一個人有責任履行承諾，必須一切情形都維持原狀，未有改變；否則他在承諾時並沒有說謊，因為它所承諾的，實在是他心中所想的，而這也是隱然在顧全種種正當情況的前提之下。再者，他不履行承諾，也沒有失信，因為同樣的情況已不復存在了。所以，宗徒雖然沒有按照他原來所做的承諾抵達格林多，如同《格林多後書》第一章十五節及二十三節所記載的，他也並沒有說謊：這是因為後來發生了阻礙。」

這個情況就像情侶在感情好的時候有了海誓山盟，分手後，同樣的情況已經不復存在，海誓山盟就沒有那個意義了。可是在許諾的當下，海誓山盟也不是騙人的啊，只是後來那個「當下的條件」改變了——有一方改變了。

以哲學的探討來說，阿奎納的論證比前面的亞里士多德、奧古斯丁更細，討論更深入；而從他引述前人的書可以看出思想史的連貫性，也能看到基督教傳統中對於「謊言」探討的思想發展脈絡。繁複細緻就是阿奎納的特色，同時代表了歐洲中古神學的高峰。

陰謀家的聖經？馬基維利《君主論》

接下來要談的是鼎鼎大名的馬基維利（Niccolò Machiavelli）的《君主論》（又譯《君王論》）。

一般講到馬基維利或「馬基維利主義」，都會簡單粗暴地描述成「為達目的不擇手段」，非常陰險狡詐。但從書裡的段落來看，其實有些內容並沒有這個意思。

比如第十八章〈君主守信之道〉：

「大家都知道，君主信守諾言而且為人正直不耍詐是多麼值得稱道的事。然而，環顧當今之世，我們看到那些功成名就的君主，一個個不把守信當一回事，而且善於使用狡猾的手段愚弄世人，就這樣征服講究信實的人。」

「所以，一定要知道，有兩種抗爭的方式：一種用法律，另一種用武力。第一種適合人類，第二種適合野獸。可是在許多情況下，第一種方式不足以應付，因此有必要求助於第二種方式。所以說，君主必須知道如何交互運用人類和野獸分別適用的戰鬥方式。」

「最重要的是，一定要曉得如何漂漂亮亮掩飾獸性，做個偉大的說謊者和偽君子。人都很天真，只顧慮到眼前的需求，竟使得騙子永遠找得到心甘情願被騙的人。」

這是務實主義，「如何漂漂亮亮掩飾獸性」就像現在的網路小編，可以幫上司趕快澄清做錯的事情，或甚至是混淆視聽、轉移焦點、製造風向。

「君主不見得一定要具備前面提到的那一切被認為是好的特質，但確實有必要讓人家覺得他樣樣具備。我甚至敢大膽這麼說：具備那些特質，還隨時隨地身體力行，一定害到自己；反過來，讓人家覺得擁有那一切特質確非常有用，比方說，讓人家覺得慈悲為懷、忠實可靠、講究人道、正直、有虔誠的信仰，而且使人相信會身體力行。但是君主要有心理準備，一旦有必要改弦易轍，應當曉得怎麼做。還必須了解，君主，尤其是新君王，不可能實現那一切使大家都說他的特質，因為他為了維持政權時常需要背信棄義，違反人道、違背宗教信仰。他一定要有心理準備，準備隨時順應運氣的風向和形勢的改變。而且，就像我在前面說過的，如果可能的話，他不應該忽視德性，但是必要的時候，他應該知道如何為非作歹。」

這段分析的是君主不一定要自己懂，但要烘托、製造出這樣的形象。用現在的話來說就是「人設」，網紅、政治人物、明星都是這樣設定出來的。所以馬基維利說話有時似乎很邪惡，彷彿有他的 dark side（黑暗面）和 bright side（光明面）。

後面這段意思是該行善的時候要展現出來，該狠的時候也得狠。儒家也有類似說法，大多時候應該守正道，但遇到特殊狀況要能「權變」。或者如《易經》說的：「知進退存亡而不失其正者，其唯聖人乎！」《春秋公羊傳．桓公十一年》也提到「權」：「權者何？權者反於經，然後有善者也。權之所設，舍死亡無所設。行權有道，自貶損以行權，不害人以行權。殺人以自生，亡人以自存，君子不為也。」儒家最高標準雖然是權變，但重點要「不失其正」，要以善為底線，只准自貶，不准害人殺人。馬基維利也說要「正邪互用」，然而正邪衝突時該怎麼做，他並沒明說，因此才造成後人的「誤讀」。

他又講了獅子與狐狸的段落：

「既然君主必定要懂得如何運用野獸的習性，他理當選擇狐狸和獅子為效法的對象。由於獅子無法躲避陷阱，而狐狸無法保護自己抵禦豺狼，因此一定要像狐狸才能辨認陷阱，而且一定要像獅子才能夠驚嚇豺狼。完全效法獅子習性的人不理解個中道理。因此一旦違反自己的利益或是當初承諾的理由消失時，明智的君主既不能也不應該信守諾言。如果每一個人都善良，這一句座右銘就不管用了。然而，就是因為人類生性邪惡，不會對你守信，同樣的道理，你也沒有必要對他們守信。無數現代的例子可以證實，君主永遠不會欠缺正當的理由粉飾自己背信棄義的行為。只要看看有多少條約變成廢紙，又有多少承諾變成空言，都是由於君主口是心非，就可以思過半。最善於模仿狐狸的人總是最成功。」

馬基維利也認為獅子和狐狸的方式可交替運用。如果每個人都善良，當然這方法不管用，然而因人類生性邪惡，若人家對你不守信，你也沒必要對他們守信。所謂「你不仁，別怪我不義」，也是很多詐騙犯堅持的理由。這是「以牙還牙、以眼還眼」的行事道德，而非「以德報怨」的胸懷。

接下來，第十九章〈如何避免受人鄙視和怨恨〉：

「我在前面說過，君主如果想要維繫政權，往往不得不放棄理想。」

意指不該放棄的時候不要放棄，該放棄的時候就放棄，端看時機是否適當。許多人因此把馬基維利的書視為陰謀家的聖經，其實這不是陰謀，馬基維利也教君王平常時期要守道德，只有非常時期才能違背道德行事，並沒有死板地一定要堅守道德。總結而言，馬基維利的說法是針對政治領導人，不只是要單純做個正直的人，還要考慮到兩面的情況而要因時制宜，卻不是提倡做個領導者就要自私自利、不擇手段，這是誤會大了。重點應該是「時機」的判斷。

沒有空間、絕對真誠：康德

哲學界還有一個著名的例子，出自德國著名哲學家康德（Immanuel Kant）：如果有一個朋友被人追殺到你家了，那個追殺的人來敲門，問他在不在，你要怎麼回答？

康德的說法是：

「但是，這種好心的說謊也可能由於一種偶然（casus）而變成可按民法來懲罰的；不過，僅僅由於偶然而逃避懲罰的東西，也能夠按照外在的法律被判為不義。也就是說，如果你以一次說謊阻止了一個現在要去凶殺的人的行動，則你對由此可能產生的所有後果要負法律責任。但是，如果你嚴守真誠，則公共的正義不能對你有所指謫，不管無法預見的後果會是什麼。畢竟有可能的是，在你真誠地用『是』來回答凶犯他所攻擊的人是否在家的問題之後，這個人不被察覺地走出去了，就這樣沒有落入凶犯的手中，因而行動就不會發生；但是，如果你說謊，說他不在家，而且他確實（儘管你不知道）走出去了，凶犯在他離開時遇到了他，並且對他實施行動，則你有理由作為此人死亡的肇事者而被起訴。因為如果你盡自己所知說真話，則也許凶犯在家中搜尋自己的敵人時會受到路過鄰居們的攻擊而行動被阻止。因此，誰說謊，不管他這時心腸多麼好，都必須為由此產生的後果負責，甚至是在民事法庭前負責，並為此受到懲罰，不管這些後果多麼無法預見，因為真誠是一種必須被視為一切能夠建立在契約之上的義務之基礎的義務，哪怕人們只是允許對它有一丁點兒例外，都將使它的法則動搖和失效。」

這段論述的重點是，你說謊阻止了一個凶殺行動，讓一個人能活下來。如果依照奧古斯丁和阿奎納的理論，為了他人利益而說謊，罪責很輕，或者因為真誠而害到別人，在某些情況下是可以被接受和原諒。但康德說，你要對這個謊言所產生的後果負起法律責任，比如雖然說謊救活了一個人，但因而害一堆無辜不相干的人死了。我覺得康德真是強詞奪理，因為他在文中舉的各種例子，有各種不同的可能會發生，但他只選擇了對自己立論最有利的情況來闡述。因此光就這一點，我覺得康德的說理不能說服我。

「每個人不僅有一種法權，而且甚至有一種極嚴格的義務在陳述中真誠，哪怕這種真誠會傷害他自己或者他人。因此，他真正來說並沒以藉此傷害由此受難的人，而是偶然引起了這種傷害。因為既然真誠（在他一度必須說話時）是無條件的義務，每個人在這一點上都根本不是自由地選擇的。」

這段的意思是要「絕對真誠」，就算因此傷害到自己或別人，還是得真誠。而且他說，真誠不是自由選擇，而是義務。聽起來很像極權國家會對人民說的：「你對政府隱瞞，就是反政府。」因而忽略人民的隱私權和緘默權等問題。

我認為在真誠的原則下，人會遇到很多特殊狀況和條件，但康德卻認為，沒有任何其他條件，一定要真誠。雖然康德是讀哲學的人不能逃避的，不過我個人才不願意跟康德交朋友。

我們在章節開頭說：人類的歷史或許就是一部詐騙史，說得有點誇張，但看了這麼多東西經典的內容，尤其是明朝的《騙經》，對於各種騙術記載非常詳盡，才能意識到詐騙其實已經存在了幾千年，而不是在古代的生活條件、經濟狀況與科技不發達的情況下，就不會有騙子或謊言出現（或是相對很少）。更不要說詐騙模式也都一樣，幾乎是換湯不換藥。

所以詐騙這件事，會不會上當真的不在於一個人笨不笨。聽到認識的哪個人被騙，很多人會說：「你怎麼這麼笨呢？」但真的不是這樣。笨的前提是因為你相信人啊，如果我們都不相信別人，固然杜絕了詐騙，可是社會也因此而不可能存在。這也正是社會弔詭與矛盾的地方。

至於我把這些人類歷史中的詐騙知識都簡單整理如上，是希望我們這些普通人可以因此更深入了解詐騙是怎麼一回事，降低自己被騙的機會。雖然可能很困難，畢竟我自己就是個很容易被騙的人，卻也可說是我研究詐騙的一個期待。

ch. 2

不相信任何人，就不會被騙？

讒言與信任的攻防

「欺騙是我們可以預期會發生在不完美關係中的（imperfectly related）有機體之間。」

——大衛．奈伯（David Nyberg）

每天在新聞上，我們可以看到各式各樣的詐騙，小至路邊的借錢搭車，大至宗教到政治、經濟等等範疇都有。詐騙者有時是看準你的貪念，有時卻是利用你的愛心，或為了替家人治病、籌錢等等的急切心情，手法五花八門，可以從中整理出各種詐騙的情境和模式。

但要討論「詐騙」，卻必須從「信任」出發。就像善與惡、聰明與傻笨是相對的，詐騙與信任也是。詐騙者在進行詐騙之前，必須要有一套方法讓你先信任他，而那個詐騙的情境就是一場戲；戲演得好了，信任提高，詐騙就能夠成立了。

很多人總覺得自己很聰明不會上當啊、不可能被騙啦，其實沒這有回事，只要在恰當的時間以恰當的方式，任何人都可能會上當，即使騙你的人有時是亂槍打鳥，而你剛好正是被打到的那一隻。

⌖詐騙不只是「騙」而已：詐騙的基本定義

我們已經在第一章的開場先定義過「詐騙」，它不是講個謊話或是某種心理狀態與行為，其包括了**意圖**、**行為**、**情境**與**結果**。詐騙是個「一連串的過程」，需要以上四項全部具備才能定義為詐騙。

意圖

意圖就是動機，有善與惡的不同，包括自利、利他、無傷、娛樂、存心與否，這些都會影響我們對詐騙的道德衡量與評價。當然，詐騙的意圖通常是自利，很少利他——雖然有些人被騙也是出於自利，比如想賺更多的錢。

無傷的意圖就是指沒有太大傷害，比如學生不來上課，說自己家人出事了，但他家人不會因此真的出事。而娛樂的意圖如相聲、脫口秀，魔術或是文學中許多幻想虛構的故事，那都不是真實的，但能給我們精神層面帶來很大收穫、快樂，所以廣義來說，這樣並不算詐騙。

除此之外，動機也隱藏在「言語」或「行為」後面。詐騙者可以用言語來粉飾自己的動機，所以需要一點人生經驗判斷，觀察言語表現是誠意十足或言不由衷、首尾一致或前後矛盾、是否有證據支持或人格擔保，比如說某某都是我們的用戶啊、我們這個產品是誰代言的啊等等。

行為

行為包括表裡一致或表裡不一、言行合一或言行分離、人前人後是否一致等等。越是一致，當然騙成功的機會越高。以前曾有個新聞說某個詐騙者說他是銀行的高階主管，竟然真的用了某間銀行的會議室跟要詐騙的對象見面，這就是一個「讓人相信他」是銀行高階主管才能使用會議室的行為表現。「銀行會議室」就是詐騙者利用的真的「情境」。

情境

接著是**情境**。社會學家威廉．湯瑪斯（William Isaac Thomas）與桃樂絲．湯瑪斯（Dorothy Swaine Thomas）提出了「情境釋義」（definition of the situation）理論，意思是在某個情境場合，要表現得符合那個場合的規範，比如不能在人家婚禮時哭喪著臉，除非那是你前男友或前女友；也不能在喪禮表現得非常高興，說這個誰死得好。

詐騙的情境就是一場戲，詐騙者要讓你進入那個局、那個情境中，覺得當下的就是一個真實情況。此時，情境釋義就產生了兩層不同的現實——被詐騙的你活在一個你認為真的現實，而詐騙者則是活在兩個現實，一個是要讓你以為真的現實，一個是他自己所在的、騙你的另一個現實。

因此他處在一個比你知情的情況，在這種情況下，他覺得自己操控了整個情境，而你一無所知，完全被他玩弄於股掌之上；他覺得比你聰明，你就是個傻子。

有時，當下的情境釋義和事後的情境釋義會截然不同，特別是在詐騙「露餡」之後。有時是因為被騙之後才知道，有時還沒被騙就知道詐騙者的套路。即使詐騙或謊言被旁觀者或執法者揭穿，可是只有被詐騙者沒有採納旁觀者一樣的「情境釋義」，被詐騙者還是活在跟旁觀者不一樣的「現實」中。直到被詐騙者真正的「覺醒」，發現「過去是一段詐騙的現實」，這才是被詐騙的一方也確認了當初的情境釋義是錯誤的認知，整個詐騙事件才真正的成立。

從旁觀者眼光來看，許多被詐騙者往往在某個階段還執迷不悟，還是活在「這是真實的」或「真實模式」的情境釋義中，以為旁觀者才是騙人的。而詐騙者通常是一開始就設好騙局的，所以在整個詐騙的過程中，詐騙者和被騙者是活在不同的「情境釋義」中。這也就是我們在新聞上經常見到的，銀行行員和警方要好說歹說才能說服受騙者不要上當的情況。

還有，情境中也包含「規範」（遊戲規則）。如果你懷疑某個情境，詐騙者會跟你說「這是我們的祕密」以圓他的謊，或者因為你不相信反而怪罪於你。通常這是個脫鉤的機會，但大部分人會覺得，唉呀我好像冒犯了對方。比如被人強迫推銷時，你大可以不買啊，但有些人會覺得，反正才一點錢算了吧，被騙又怎樣，詐騙於是就成立了。

情境另外還有「人情」與「面子」的條件。比如有人勸酒，說：「你不喝就是看不起我！」這時為了不要讓場面難看，你可能就舉起酒杯來喝。如果對方在街上纏著你要買花或買什麼，你怕被覺得冷漠無情、面子過不去，尤其有朋友或男女朋友在旁邊時，好像自己不買的話顯得很小氣、沒愛心，這就是用人情的社會壓力來造成你屈服於情境。

結果

在詐騙過程中，最重要的是**結果**，諸如自利、利他、無傷、嬉鬧。有人剛開始講得道貌岸然，一切都為了利他，但最後只有他自己拿到好處——詐騙集團通常是這樣，自利就是他們獲利。他們還會有些奇怪的邏輯，比如認為這是讓「財富重新分配」啊，或「你的錢也是不義之財，那我騙你有什麼不好」。

至於嬉鬧則是惡作劇，往往是受捉弄的人受傷，而捉弄的人卻認為這場惡作劇「無傷大雅」，甚至有時掩飾了這種行為的霸凌本質。有時在長途旅行的飛機或高鐵上，人家問你是做什麼的啊，你隨便回一下，反正之後不會再見面了，中間就算有撒謊，也沒傷害任何人，許多人不會有道德負擔。

⌖詐騙的組成元素：詐騙的基本架構

接下來，我們再從社會學角度來檢視詐騙的基本架構，包括以下五個面向：**人群面**、**互動面**、**制度面**、**文化面**與**歷史面**。

人群：詐騙事件中的角色

人群面就是有詐騙者（或集團）用財或用色，以詐騙為謀生工具。有時，他們的理由是為了報復不公平的社會，就像俠盜羅賓漢；或者展現自己的高超能力與自尊，覺得自己聰明蓋世。

而被騙的人會上當的原因，有時是貪念，但有時是出於善念、為了幫助別人；或有時因為無知，不知道這件事情會這樣運作。比如法庭的裁決通常不會要靠走後門、找司法黃牛，但當你把偶爾「司法黃牛」的事件當成司法潛規則，就可能不是和無知有關，而是和司法制度的不完善以及恐懼有關。當一個詐騙者假冒政府官員，跟你說：「你現在涉入一個案子，我們要凍結你的戶頭，等調查完畢才會把錢還給你。而且你不要跟別人說，我們偵查不公開。」你可能想，唉呀要配合政府政策，否則變成詐騙集團的共謀，那麼你的恐懼就被利用了。

曾有一位中央研究院的副院長，平生積蓄兩千多萬全部被騙光光，後來找到詐騙他的人，錢卻沒有找回來。有人討論，職位那麼高的人怎麼也傻了呢？但我要強調，不要譴責受害人，該譴責的是加害人，這一點很重要。受害人有時是貪，但有時真的不是，而是詐騙者訴諸他的利他想法、無知和恐懼等。

另外，角色中還有知情者、洩密者與告密者。台語叫「抓耙子」，很負面，好像他是背叛的人，現在則稱為「吹哨者」，從英文「whistle blower」翻譯而來，因為他可能生命財產受到威脅，卻為了真理正義和誠實而告密，需要道德勇氣。

互動：詐騙的行為

人與人間的互動，有時稱為「微觀的社會學層面」（micro sociological level），其中牽涉到金錢、權力、知識、愛情、健康，還包括「色」或性，因此常說「騙財騙色」是很能抓住詐騙的要點。比如，有時你覺得對方是一個好人，會幫你賺錢；這個人喜歡你，他對你有感情，但其實他是讓你相信一場製造出來的幻覺，他是要騙你的。

因此從互動面來說，值得思考的是：詐騙者什麼時候要進入詐騙角色？他並不是在所有場合都在騙啊！他去商店買東西的時候，一定也要給錢啊，不會為了一瓶飲料就開始詐騙。他回家之後也不是詐騙者啊，倒是會說：「爸媽我回來了。」爸媽問：「在臺北做什麼啊？」或「你出國做什麼？」「在一個公司做事啊，很忙啊，每天都被鎖在這個公司裡啊。」這也不是假的。詐騙集團說自己在國外賺大錢，也不全是假話，只是沒說是用詐騙的手段賺錢。

還有，詐騙集團也必須團隊合作，這也是一種互動。從組織角度來看，他們是有效率的，不然騙不了這麼多人；如果是一群烏合之眾，大概也騙不到多少錢。顯然他們都是做過功課，只是不把這個做功課的心用在正途上，是可惜的事。

作為組織，詐騙集團內也有獎懲制度與規範，比如業績好會有獎金、可以騙別人不能騙自己人啊……這是最簡單的，另外還有什麼規範，我們就不知道。目前我們對於詐騙集團的結構資訊太少，很難真實、深入地了解一個組織的運作細節。

制度：被利用的社會制度

通常呢，會被詐騙利用的制度是網路、通路，還有司法、金融、經濟市場等等。從個人成長的歷程來看，最先發生詐騙的社會制度是家庭。因為大部分的人都是在家庭中成長，所以最重要的社會制度便是「家庭」，而家庭內的騙，多半是指家庭祕密，比如養子養女是「出生的祕密」，外遇是「婚姻的祕密」。

到了青少年階段，最重要的制度轉移到學校，而校園中的詐騙主要是作弊與剽竊。等到離開學校進入職場，又有更多的詐騙機會出現了。

關於經濟上的詐騙，我們馬上能想到的是黑心商品或是仿冒品。以前某些仿冒品叫做「A貨」或「高仿」，指的是仿得最像最精緻的，次級品的是「B貨」，但不管A還是B，都是仿得很像但價錢相對便宜的產品。

「金融風暴」則是一種震驚社會的詐騙，有些人為了自己的利益騙了很多人、很多錢，比如前幾年有個轟動的「安隆案」（Enron）和「馬多夫案」（Bernie Madoff），以及台灣在一九九〇年代發生的「鴻源集團吸金案」。

至於政治上的詐騙也很常見，而且往往會形成醜聞，因此有人說

「政治是最大的騙術」或「政治是強力的春藥」，畢竟政壇與性、金錢相關的，是醜聞的重要來源。此外，競選承諾沒有兌現是不是詐騙呢？但很多選民並不計較這種事。

社會生活裡還有一個很重要的部分，就是宗教信仰。無論哪種宗教，信仰詐騙通常牽涉的是騙財騙色，比如貪汙香油錢，或是宗教人員涉入性侵婦女幼童，或是以改運為由，進行生前投資墓地啦、靈骨塔啦、購買天珠及舍利子等等……矛盾的是，如果宗教認為道德高尚的人才有舍利子，它怎麼可能買賣呢？

文化：人性與道德

詐騙的文化面呢，則是利用人性的弱點，諸如貪念、趨吉避凶、花錢消災等心理，還有好心與助人的立場。我說過很多次，被騙不是因為你貪心，有時候很有愛心一樣會被騙。

另外一種是「好心有好報」的意識形態，比如在車站騙錢的，會說你借錢讓我回家，我會寫信感謝你；然後你給我名片，我回家把錢還給你——結果他還拿你的名片去騙人。所以不要隨便把名片給人，也不要看了名片就相信人。

還有一種情況是深信「可憐之人必有可恨之處」。有些人你可憐他，但他可能是騙你的，但是也可能他真的需要幫助。

最後一種是相信「這個社會就是人吃人」，所以你騙他、他騙你，有什麼稀奇的呢？而這樣的意識形態也會助長詐騙風氣。

文化面強調的是文化價值，也就是道德觀，幾乎沒有任何一個文化是要人撒謊。一九五〇年代，曾經有個研究針對現代化國家調查，發現人民相信的最重要道德之一，就是誠實。但誠實還有對內不道德、對外不道德的區分，就是對自己的團體、家人、學校或老闆要誠實，對其他人就無所謂。

像康德主張一定要在任何場合、對任何人都誠實的比較少。大家會認為那樣傻呀，對自己人誠實比較重要，對他人誠實算什麼呢？那麼，誠實、不欺騙是普世價值，還是特有價值呢？以前的研究認為這是普世價值，但如果細分，卻可能是在特別情況才需要去保持的價值。

文化面也包括身教與言教的不一致，例如我們小時候規定學校不准用參考書，因此督學來學校的那天，全校師生就合作把參考書藏起來，有的藏在講台下，有的藏在窗台外面，等督學走了再恢復。老師沒說過我們要撒謊，但身教就是心照不宣的「人前一套、人後一套」。

還有所謂的媒體效應，比如有些電影把詐騙者描述得光鮮亮麗、非常聰明，比如日劇《信用詐欺師ＪＰ》故事設定主角專門詐騙壞人，可能誤導顯現詐騙不是壞事，甚至讓人感覺「詐騙壞人」是正當的，因此，道德負擔比較小，而忽略了只有司法警政單位才有防制詐騙的法定權力。

無意間完成的詐騙：預言

另外一種常見的詐騙事件則是某些被媒體尊稱為「大師」或「神童」，對於某些社會事件或是國家災難的預言。我的美國老師默頓（Robert K. Merton）曾經先後提出過「自我應驗型的預言」（self-fulfilling prophecy）和「自殺型的預言」（suicidal prophecy）兩種，我將它們和他更早的「有意社會行動的意外結果」（unanticipated consequences of purposive social action）三個概念結合整理出下面的表格：

		結果	
		實現	不實現
預言（承諾）	實現	自我應驗型預言（誠信）	有意社會行動的意外結果（說謊或詐騙）
	不實現	有意社會行動的意外結果（說謊或詐騙）	自殺型預言（誠實）

圖 2-1　四種預言（承諾）的分類

（資料來源：孫中興整理自 Merton〔1936; 1948; 1968〕）

預言實現、結果實現就是「自我應驗型的預言」。例如媒體報導印度神童、國師預言啦，大家會覺得，哇，講得好準喔！但社會學會認為這是自我應驗的語言，沒有應驗的通常都不會說，大部分也不會被報導；即使被報導了，許多人也沒注意。

預言不實現、結果實現或者**預言實現、結果不實現**，就是「有意社會行動的意外結果」，表示結果跟當初的預言不一致。

預言不實現、結果不實現就是「自殺型的預言」。因為你講了，所以他就避免去做，結果事情自然就沒發生。

而自欺時，就是希望**「預言實現，結果不實現」**。要是結果實現，那就不是自欺，所以要看結果才知道。在第一時間往往是看不出來的。

我們也可以把「預言」那部分改成「承諾」，這樣的話，「承諾」的結果一樣會有「實現」或「不實現」的問題，那麼當初的承諾結果實現了，就是「誠信」；當初承諾不實現結果也不實現就是「誠實」；如果事後的結果和當初的承諾不一致，就都是說謊或詐騙。這個表格也可以看出在最當初承諾的時候，結果還沒有出來，被欺騙方很難看出這是一場詐騙或是說謊，我們本於信任原則，通常都會相信。這是詐騙方在第一時間的「優勢」，這也是我認為詐騙是看信任（賴）而滋長的。信任和說謊或詐騙在初期有著難分難捨的連體嬰式的關係。請注意：這只是從結果來論斷誠實或說謊或詐欺，如果還考慮到動機、情境等等因素，這個表格恐怕就要更複雜了。

至於歷史面的部分，我們已經用第一章整個章節來討論了。看過詐騙的歷史紀錄與討論，我想大家都會發現「古今皆然、禁絕不了」，這八個字真是讓人非常難過啊！

不過，從社會學來分析詐騙，較少分析到個人的生理面與心理面。我們在這裡簡單地補充一下。就生理面來看，詐騙有點像是動物會變色、隱藏自己，這是以偽裝來保護自己生命的生存策略，也是動物本能。另外，肢體語言如眼神接觸、面部表情也是生理面呈現，曾有人研究過一個人在撒謊的時候會牽動哪些肌肉，或者引起怎樣的生理反應，比如心跳、排汗等等，都是生理面的探討。英國醫生奧立佛・薩克斯（Oliver Sacks）寫過一本書，叫做《錯把太太當成帽子的人》，書裡提到一些案例和故事，描寫一些腦神經出問題的人，反而很能看出誰在說謊，也讓我更了解人類的生理表現，收穫很大。

至於心理面則注重說謊者在言行方面所展現的各項徵兆，以及動機與人格等因素。有些人的自我有「暗黑人格」、「病態撒謊」，或是過度自戀，為達目的不擇手段。除非是社會心理學的領域，不然社會學對於心理層面談得少，但也是討論詐騙時不能忽略的部分。

謊言與信任是連體嬰：關於信任的研究

我們在第一章開頭就說過，詐騙要完成是不能沒有信任的。就像「聰明」或「傻瓜」，相對立的「信任」與「懷疑」是一體的兩面。弔詭的是，我們也常認為善於說謊是機智、聰明的，容易被騙的是傻瓜。

那麼，哪些學者曾經針對信任做出研究，以及這些研究呈現了什麼樣的人性結論呢？

信任的向度與要素

一位波蘭社會學家史通姆卡（Piotr Sztompka）做了一項研究，認為信任具有三個向度：

把信任當成是一種關係（trust as a relationship）。
把信任當成是一種人格特質（trust as a personality trait）。
把信任當成是一種文化規則（trust as a cultural rule）。

由於詐騙和信任是一體兩面，因此我們可以擴充思考如下：

詐騙是一種社會互動行為：詐騙和信任都是社會互動層面。
詐騙是一種不平等的關係：詐騙和信任這個翹翹板不是平衡的。詐騙那方是占上風的，因為詐騙者掌控了整個情況，直到法律介入，局勢才翻轉。
詐騙是一種社會制度：不表示它是被承認的，而是它是行之有年、斷絕不了的存在。
詐騙是一種意識形態：詐騙者都會為自己的行為做一番辯護。
詐騙是一種歷史過程。

詐騙者和被騙者的人格特質。

關於信任，社會學學者羅素・哈汀（Russell Hardin）也提出「含藏利益模型」理論（encapsulated interest model），認為信任必須具備三個要素，還有兩個隱含的要素：

一、信任包括三個部分：**信任者**（truster）、**被信任者**（trusted）以及**信任事項**等三方關係（three-part relation）。

二、對於信任者需要信任的事項而言，被信任者具有某些「值得被信任的誘因」（incentive to be trustworthy），比方說那個人是「臺大教授」、「他是我最好的朋友」，或者「我們都是同鄉」等等，信賴因而誕生。

三、這些誘因可能受到被信任者具有某些「默認的風險」（risk of default）的影響，意即這些信賴有著被背叛或被欺騙的風險。

兩個隱含要素是：

一、熟悉程度讓我們擁有對於對方的知識，例如：從小認識啦、我修過幾門課啦、我跟他買過東西啦等等，就像銀行界強調的credit line（信用額度），也是根據過去往來的經驗來判斷一個人的信用度。

二、熟悉程度是我們信任對方的誘因。

三種信任的形式與實作

學者芭芭拉．米斯塔爾（Barbara A. Misztal）則將信任分為三類，我整理成表格如下：

在**穩定的秩序**裡面，想想你每天的例行公事，比如一早起床，你相信鬧鐘是正確的；或者每週三，你會走進某間教室上課，這個信任就是不假思索的習慣。有時，這種信任也基於聲望，當你認為某位老師適合教這門課，認為臺大社會學系應該有篩選過了吧，也不必懷疑老師的學位；或是買東西也是靠口碑，出於口碑而相信品質。

而在**凝聚的秩序**裡，你

秩序 Order	信任 Trust	實作 Practice
穩定的 Stable	習癖 Habitus	習慣 Habit
		聲望 Reputation
		記憶 Memory
凝聚的 Cohesive	激情 Passion	家庭 Family
		朋友 Friends
		社會 Society
合作的 Collaborative	政策 Policy	團結 Solidarity
		容忍 Toleration
		合法性 Legitimacy

圖 2-2 信任：形式和實作　（資料來源：米斯塔爾）

的信任基本上是靠著激情，諸如參加群眾運動、演唱會，現場氣氛會鼓動情緒，形成一種凝聚的、共同體的感覺。也像是家庭中與其他人之間的關係，基於彼此感情而信賴，因此一般人不會預設爸媽或兄弟姊妹會騙自己。

若是**合作的秩序**，指的是政策怎麼讓人民能夠信任，比如新冠疫情時期的疫苗施打政策、五倍券的政策等等。也像是同學間因為有集體作業而合作團結，彼此容忍「搭便車」行為、為大局著想，或是由於一個大家公認、有規範可循的制度而信賴，比如合法投票選出來的班長。這些都是我們有意識及無意識間形成的信任，也呈現出社會生活的基礎是出於人與人之間的信任。

信任的五種分類

最後，二〇一七年，美國社會學家馬克・格蘭諾維特（Mark Granovetter）寫了一本《社會與經濟：信任、權力與制度》，這本書的第三章提到了信任的定義和分類：

「信任和可信賴行為（trustworthy behavior）對任何經濟而言都是關鍵的資產，因為它們會引導人們進行合作，使他們相互產生比純粹自立動機更善良的行為……信任帶來的合作可以節省大量的預警和監督成本，少了它，這些成本將明顯增加。」

格蘭諾維特也列出以下五種信任的分類：

一、基於對他人的了解或利益的算計而產生的信任（理性選擇理

論）

二、基於人際關係的信任

三、基於群體和網絡身分而有的信任

四、信任的制度源頭

五、基於規範的信任

看過這麼多的社會學者對於信任的研究之後，想想我們自己對於信任的基礎從何而來並建立，最後回到信任與詐騙，這個二元相對的微妙關係仍有許多空間讓我們思考：

因為信任，所以就沒有詐騙？只能說因為信任，使得人有被騙的風險。

沒了信任，就不會有詐騙案件嗎？但如果對方是裝可憐，你也可能動一點惻隱之心吧？

沒有詐騙，才有信任——信任與詐騙是零和關係嗎？因為互不相騙，所以我們之間擁有更多信任？

害怕被詐騙，所以乾脆不信任——難道這樣就沒有風險了？人能在這種情況下存活嗎？

是真相還是假象？謊言的分類與特徵

在前面，我們先討論了信任這件事，但詐騙能夠成立，除了需要信任之外，還有一個「小夥伴」。

在一般世俗的認定中，所謂的說謊、不誠實，就是沒有說出真實狀況、內心真誠的想法，或者內心與講出來的話是相反的，是虛情假意、拍馬屁等等。也就是說，這些世俗認定中蘊含著一個前提：「真實」（truth 或者 reality）。

哲學家大衛．奈伯（David Nyberg）在《塗漆的事實：普通生活的說真話和欺騙》（The Varnished Truth: Truth Telling and Deceiving in Ordinary Life）把詐騙分成**「明面」**（showing）和**「暗面」**（hide）兩大類。

明面是「顯現虛假意圖或假象」：

一、**假扮**（mimic）。把自己呈現成是另外一個真正存在，有名、眾所皆知的個人，比如假扮成某個名人、某位學者。以前我就曾在研究室接過一通電話，有個女子說要找孫中興教授，我說我就是啊，她嚇了一跳，說她之前在桃園和一個自稱孫中興教授的人相親，但他聲音跟我不一樣，描述的長相也跟我不一樣，同名同姓之外還自稱是臺大教授，因此她懷疑對方是假的。那時候沒有網路，所以她靠著打電話到辦公室聽聲音確認我的身分。

二、**虛構**（counterfeit）。營造一個虛假的真實（reality），比如佯稱自己是某大公司老闆，但那間公司根本不存在。

三、**誤導**（misdirect）。強調一個不是自己的其他利益，假裝是「為了你好」。

暗面則是「隱藏真實意圖或真相」：

一、**隱身**（disappear）。掩飾或讓對方看不到，例如假身分或融入背景，變魔術的手法就是其一。

二、**掩飾**（disguise）。修飾特徵，難以辨識，例如變裝。

三、**轉移**（distract）。製造不確定性以避免被注意，也就是聲東擊西。

奈伯又整理了哲學界對於「Truth」（可翻成真理、真相、真實）的四大理論，包括：

一、**一致（coherence）說**：強調在語言系統上，任何一項陳述（statement）或信念（belief）是否和現有的陳述或信念系統相一致。

二、**符應（correspondence）說**：信念和事實之間是否呼應和符應。

三、**實效（pragmatic）說**：有用的、能發揮實際效應的事實或物件。最貼切的例子就是鄧小平曾說過的：「不管白貓黑貓，能抓老鼠的就是好貓。」

四、**展演（performative）說**：表現本身就是事實，沒有真假之分。這比較接近後現代說法，而且如果依照這個標準，詐騙者表現出來的那一面就是真的，根本沒有背後另一面。孟子說過：「久假而不歸，惡知其非有也」（《孟子・盡心上三十》）意指他一直表現那麼好，你怎麼知道他的內心是不是真的這麼好呢？所謂的「展現」就是真的，因為你永遠看不到他的另外一面。

除了這四種標準之外，另外還有一種「政治正確的」（politically correct）的 **truth**，意思是：「老闆說的都對！」就像成語故事〈指鹿為馬〉或兒童故事〈國王的新衣〉。在某些時代，特別是政治動亂的時代，說真話是會要命的。

此外，《不說謊，我們活不下去！》作者伊安．萊斯禮（Ian Leslie）在書中提到說謊者的五個注意事項，我們也可以參考一下，用來判斷說謊者的特徵。

一、**避免自我矛盾**。才不會讓人發現這是騙局。

二、**與被欺騙對象的已知事實相符**。比如你騙人自己是法官、員警，都是社會有的身分，騙人自己是火星來的外星人，人家被騙的可能性就小了。

三、**避免口誤**。

四、**必須記住所有說過的謊言**。一個謊必須由其他的謊來累積，一直到爆破為止。

五、**控制語言內容和身體語言**。

「媽，我被綁架了」：打造騙局的手法與辨別的關鍵字

研究了詐騙與真相之後，奈伯的書中也整理出以下八種欺騙方法：

一、四種做某些事情來欺騙：

1. **讓某人獲取一種錯誤的信念**。例如：「我不是小偷。」或者穿戴

員警的制服、證件，讓他誤認相信你所自稱的身分。

2. **讓某人維持一種錯誤的信念**。例如：「護理師，別告訴14C病房的病人說他要死了；他還相信自己會康復，目前我想讓他繼續保有這樣的希望。」

3. **讓某人停止相信某件事情是真的**。例如：「誰告訴你我騙你了，我這人是會騙你的嗎」之類的說法。

4. **讓某人無法相信某件事情是真的**。例如，如果對方要你用手機開視訊，你回說唉呀現在開會不方便，用一些理由把人家的懷疑打回去。

二、四種「讓它發生」（letting it happen）的欺騙：

1. **選擇讓某人獲得一種錯誤的信念，提供一個假訊息，接著產生一個行動**。例如網路上有些假訊息，希望你痛恨某個人、某個政策、某個決定等。

2. **選擇讓某人持續擁有一種錯誤的信念**。這跟第一點一樣。
3. **選擇讓某人停止相信某件事是真的**。
4. **選擇讓某人不要相信真的信念而繼續下去**。

同時，他還提出判斷欺騙需要注意的六個重要範疇：

一、**情境或脈絡**：時間、地點和特殊事件。讓人相信真有其事。
二、**行動者**：誰對誰做了什麼。詐騙的人對被騙的人，做了什麼事。
三、**目的**：為什麼會發生這件事。詐騙的目的，通常在財或色。
四、**方法**：這件事是怎麼發生的。詐騙的很清楚，被騙的往往不清楚。
五、**後果**：我應該怎麼看待這件事？
六、**限制了我們說實話的七種義務**：

1.人都有接受某些資訊的權利，但是並不是對所有資訊都有權利。

2.並不是所有人都同等地具有這些權利，他們可能因為放棄其他道德價值而喪失這種權利。

3.說實話要配合許多自願同意，但是如果你非自願地和別人處於一種情境之中，你要選擇是否說實話是合情合理的。

4.人應該避免傷害別人。

5.人應該在有能力時幫助別人。

6.如果有選擇，應該優先考慮人然後才考慮事。

7.我們應該牢記在心：一個人應該有獲取正確資訊的壓力，有時候卻要傳遞不正確，或是不完全正確的資訊，以便能夠存活下去。有時是生命攸關，有時是利益攸關。

在《謊言與欺騙：人類社會永不落幕的演出》這本書中，作者馬克・納普（Mark L. Knapp）則把騙局分成**大騙局**、**網路詐騙**、**街頭詐**

騙、信仰治療師、營銷和投資、通靈術和超自然現象等六種，並提出騙局的七個基本要素：

一、選擇易受騙的目標對象或有某種特徵的人。詐騙者可能隨便撒網，如果你察覺到而掛電話或者就閃人了，對詐騙的人而言，你就不是他要下手的對象。

二、使騙局的「誘餌」看起來「真實可信」。有時用錢財，或是靠外表，裝得很可憐等等。

三、為受害人建立需求。比如說這個東西很值錢，現在便宜買，將來就能獲利超多倍。

四、提供「證明人」。安排他的同夥。

五、從受害人身上勒索錢財。比如色誘你拍了照片，然後用把照片、影片或錄音公開的恐嚇來勒索你。

六、騙局完成。完成後，你就找不到那個詐騙人了，他提供的姓名、基本資料都是假的。

七、和受害人分開。

另有一位俄裔美國作家瑪莉亞・柯尼可娃（Maria Konnikova）則在《騙局：為什麼聰明人容易上當？》（The Confidence Game: Why We Fall for It...Every Time）一書中，將設置騙局的過程整理成八個步驟：

一、選定下手目標。

二、詐騙前戲。

三、詐騙圈套。

四、詐騙童話。

五、獲利誘餌。這對貪心的人特別有用，貪色的人就用色來誘惑，好心的人就用慈善來誘惑。

六、破局失利。比如，對方故意說：「你不要賺這個錢就算了……」

七、目標一敗塗地，騙子達陣。

八、排除障礙，買通內線。比如有人到府假冒是瓦斯公司派來的，你真打去他提供的電話，對方會說他真的是這間公司，因為詐騙都安排好了。

《騙局》的英文書名「confidence game」翻譯過來是「信任遊戲」，就像我們前面說的，讓你產生信任、需要你的信任的，其實就是騙子，英文就把「騙子」稱為con（fidence）artist，說是「信任藝術家」，從字面看也代表了某種無奈吧！

要判斷一個謊言有多難？五個分辨說謊行為的障礙

有些人認為，謊言可以偵測出來，就像影劇中最常出現的測謊橋段那樣，應該有個機器，或生理、心理研究可以科學地判斷出一個人是否在說謊。有一部二〇〇九年的美劇《謊言終結者》（Lie to Me）提供的就是這樣的期待，男主角的工作正是透過觀察他人的肢體動作及微表情，分析對方說的是真是假。

但是，美國著名心理學家、曾任ＦＢＩ顧問的保羅・艾克曼（Paul Ekman）的研究發現，就算是受過訓練的專家，偵測出謊言的比例也無法達到百分之百。另一個研究者蓓拉・迪波洛（Bella DePaulo）則發現，只有百分之四十七的謊言能被偵測出來，或許你擲骰子、丟銅板偵測到的機率還比這個大。因此總體來說，測謊絕對不是一件容易的事。

不過，前面提到的學者納普，仍然嘗試說明我們可以如何分辨謊言行為：

一、決定觀察到的行為的真實意義：比如有人在表演或有人在騙人，這個行為的某個段落被你看穿了，你要去判斷整個行為的真假。

二、勝任的撒謊者改變自身的行為

三、撒謊行為隨著環境的改變而變化

四、謊言的動機和目的影響欺騙行為

五、語言類型可能影響撒謊者的行為：比如偽造、隱瞞。

艾克曼與朋友弗里森（W. V. Friesen）曾編過一本手冊《Manual for the Facial Action Coding System（ＦＡＣＳ）》，說臉部肌肉有「行動單位」，總共四十三條臉部肌肉可做出三千個表情分類。① 這份手冊算是用科學研究說謊的跡象，但其實還是不能完全判斷。

美國加州柏克萊市的警官約翰．拉森（John A. Larson）則發明了測謊器（polygraph），一九二一年首度被使用。拉森相信說謊時的生理反應，包括呼吸、心跳、排汗都會跟平常不一樣，可依此來測試謊言。但目前的測謊器沒有法律效用，只有參考價值，拒絕用測謊器在法律上也是可以的。

綜合以上的各種說法：至今對於偵測謊言也沒有萬無一失的方法。大概只有童話裡的「小木偶鼻子」或是「哆啦A夢」的「誠實豆沙包」才是我們幻想中萬無一失的測謊器吧！

以上對於前輩研究成果的整理，可以讓我們一目了然地認識信任和詐騙的各種面向，也讓我們在以後面對詐騙事件時，能有個比較完整的指引和知識儲備，進一步防止詐騙的盛行。

---

①iEmotion 臉部表情圖示網站資料

⊕ 謊言中的道德：只要出於善意，就能抵銷行為？

詐騙的對立是信任，詐騙（假象）的成立內含真相，而詐騙中的人際關係、當下情境、後果嚴重程度、揭發與否，時常也與「道德」有關。比如朋友撒了小謊，你要揭發讓他出糗嗎？如果你的親友對有關公眾利益大事撒謊，那你要當吹哨者嗎？很多時候當事人都會有道德的兩難。或者你揭發了，會讓自己或親友的生命財產受到威脅——這就是騙子常用的威脅或利誘手法，讓你不揭發他，反而變成同謀或共謀。因詐騙而產生的道德難題，正是麻煩之處，畢竟生活中、社會上很多情況並非能夠一刀兩斷，乾脆俐落。

有些不得已的情況必須有靈巧的應付，這時候，說謊的同時就會有一種「抵銷謊話或詐欺作用」的做法，讓自己在特殊狀況下的不道德行為，可以在後來得以赦免或脫罪。中國傳統俠義小說《小五義·第二十七回》有「腳底畫不一」的做法，西方則是「食指和中指在背後交叉」，用來抵銷因為被逼迫或善意而設下的騙局、說出的謊話。另一種是所謂自己的內心知道撒謊是錯的，但因為生命受到威脅，所以口頭上只得答應或發誓，可是內心保留抗拒。這種非常時期的「口是心非」的做法稱為「精神保留法」（mental reservation）或必要的謊言（lie of necessity）。

但是，詐騙行為能夠因此被抵銷嗎？到底有沒有所謂「善意的謊言或詐欺」或「必要的謊言或詐欺」？沒有一個人可以給予定論，卻是值得我們好好思考的提問。或許透過對於謊言、信任、真實的理解之後，每個人能夠找到自己的解答。

至於我個人，經過閱讀和思考，建議不到生死存亡的非常時期，我們應該都盡量保持說真話的習慣，特別不能為了個人的利益而說謊害人。至於「善意的謊言」或「必要的謊言」，當然也是可行的。

ch. 3

我們與謊言的距離

自欺與欺人

「自欺是一種能動者有意採取的步驟而造成意外的結果。」

——安娜．加利奧蒂（Anna Elisabetta Galeotti）

中文裡有一句話叫「自欺欺人」，傳神地描述除了欺騙他人，有時候，我們會連自己也騙下去。

不過，社會學對自欺的研究相對較少，因此這一章，我會借助一些心理學、社會心理學與少部分的哲學研究來探討：什麼是「自欺」（self deception）？在什麼情況下，我們想要、需要欺騙自己？

自欺可以舉出很多例子，比如大家很熟悉的童話《國王的新衣》便是，沒穿衣服的國王受到身邊的人稱讚，就相信自己身上的衣服很美。不要說別人，像我有時候遇到學生講很甜美的話：「我們都很喜歡老師的課～～」我聽完就很高興，陶醉在別人的讚美之中。這也是美國社會心理學家鮑梅斯特（Roy F. Baumeister）提過的：**「我們會選擇性地忘記失敗的回饋，而牢記正面的回饋。」**

但是，我們為什麼會出現這樣的選擇性行為呢？

其實，每個人都會自我欺騙

首先，我們要對「自我」有個概念。

社會學中的重要觀念之一，就是自我（self）跟他者（the other）。「他者」有時也翻成「他人」或「異己」（alter ego）。在心理分析中，「自我」可能被認為是固定的東西，像佛洛伊德說的「本我、自我、超我」就是人性的結構。但社會學不太講這三種。社會學中的「自我」，最早依照學者庫利（Charles Horton Cooley）的說法，是「鏡中自我」（looking-glass self）。我翻成「鏡我」，意思是**我們看到的「我」，都是透過跟別人互動所產生的**。

之後，美國學者米德（George Herbert Mead）發展了「社會自我」（social self）的觀念，並認為自我的發展有「玩耍階段」（play stage）和「遊戲階段」（game stage）兩個階段。「玩耍」是裝作別人，「遊戲」是你還要進入許多別人的角色，和眾人都有相互的關係。

「社會自我」的觀念是：自我是隨著與別人互動後不斷的修正而產生變化，並非一成不變。所以「自我」在社會學裡，是隨著人在不同的社會情境中扮演不同的角色時，和情境中的他者互動而有所改變。

透過和不同他者在不同情境的互動，「自我」會產生自信、自戀與自欺等等角色行為。有人覺得，自欺是完全不可能，你怎麼可能自己欺騙自己呢？但我們不要把話講得那麼死，有些時候當然是不可能，有些時候卻又可能。就像俗語常說的「當局者迷，旁觀者清」，很多事情是看別人很容易，自己因為過度執著在某一種立場和觀點，反而很難察覺自己的「雙重標準」或在「前後矛盾」。

根據哲學家安娜・加利奧蒂（Anna Elisabetta Galeotti）的說法，**自欺**是：「面對所有現有不利的證據，因為受到自身欲望的影響，仍然希望自己相信的P是正確的。」以及「自欺是一種能動者有意採取的步驟而造成意外的結果。」

這裡的P是一個邏輯學的符號，譬如「若p則q」。「能動者」通常是指「行動者」，「意外的結果」就是「有心栽花花不開，無心插柳柳成蔭」。這是人類行動非常奇妙的地方。我們的理性行動，都是想好目標與最有效能達成這個目標的手段，再來完成這個行動，這樣應該不會有意外的結果產生了吧？但在日常生活經驗或學術研究裡，卻偏偏會有意外結果發生。

自欺的四種樣貌

接著，自欺也是「理性的主體受到動機影響，而形成一種信念的一種不理性行為。」但這不是很矛盾嗎？理性的主體自己有能動性，怎麼還會出現不理性的行為呢？加利奧蒂主張要從動機、意圖、出發點，再加上結果來看待自欺，因而分析出自欺的四種樣貌：**一廂情願的想法、幻覺、信念、一隻看不見的手**。

有人在曖昧期間就認為自己戀愛了，或男性網友看到美女圖片便留言：「我戀愛了！」這種叫做**「一廂情願的想法」**（wishful thinking），純粹是自我感覺良好，因為照片中的人根本不知道你是誰。或者看到別人對你笑，你就覺得：哇～～他對我真好，他在對我笑呢！但其實他可能是對你後面的那個人笑。這就是**「幻覺」**（illusion）。

至於**「信念」**（faith）型的自欺，是堅決相信：「我要讓她愛上我。」或是「我要三年大學畢業！」因為這種信念有時做得到，但有時是做不到的。比如我說「我要獲得諾貝爾文學獎」這種話就絕對是自欺，連村上春樹這樣作品等身的作家都還沒有得過諾貝爾獎，我這個沒什麼文學作品的人怎麼可能？這真是「痴人說夢」！

還有所謂的**「一隻看不見的手」**（an invisible hand），原來指的是經濟學的市場運作機制，現在引申為指事件背後一些我們還不知道的原因。我們有時把它稱作「天意」或「前世因果業報」。所以它是一種萬能解釋法，可以拿來解釋所有事情。

然而有些自欺的人，是先受到身邊的人群欺騙之後，信以為真，因而被這種外在的「假象」所騙，形成「自欺」。有時則是「自欺」在前，身邊其他人只是附和你的「自欺」而延續你的錯誤認知。就像以前的皇帝啊，基本上就是受圍繞在身邊的幾個人影響決策，遠一點的人講的話，他都可以找許多理由不相信。把講好聽話的人都放在身邊，每天都覺得自信滿滿，當然很好啊！畢竟誰願意跟講話不好聽的人在一起，每天來吐槽自己，讓自己不好過呢？撇開皇帝不說，我們一般人難道不會也希望如此嗎？自欺還真不是有權力的人的專利呢！

自欺是一種不真誠行動與預言

「自欺」的概念也受到法國存在主義哲學家沙特（Jean-Paul

Sartre）「背德」（mauve fois; bad faith）的影響。簡單地說，「背德」是指人在社會壓力之下，放棄自己的內在自由而採行錯誤信念的不真誠（inauthentic）行動。在政治上，是容易「在壓力之下，說出自己不相信的話」，比如之前提過的故事〈國王的新衣〉和「指鹿為馬」的成語典故。

此外，以納普為首的一群學者所定義的「自欺」是：「在動機方面並未察覺相互矛盾的知識，而這些相互矛盾的知識是從意識中特別篩選當成心理的防衛，以便降低焦慮，並且因此引導出一個正向的自我偏見。」

這通常在精神醫學方面叫「防衛機制」（defense mechanism），用防衛以降低焦慮，不自覺思想有衝突、矛盾，就會活得好一點。別人看出我的問題跟破綻，我因而覺得焦慮；為了降低焦慮，而引導出一個「正向的自我偏見」（self bias），比如：「我其實是很好的人，他們這樣做都是嫉妒我。」這樣想就能忽略掉自己被人家討厭或嫉妒的原因是什麼，覺得自己好棒棒，問題都在別人身上。

而在上述定義中的自欺，包括了兩項要素。一是**知覺的層次**（level of awareness），有時也稱「意識（consciousness）的程度」；二是**動機未必是有意的**（motivated but not necessarily intentional）。就像犯罪中有預謀殺人，也有無預謀的隨機殺人。但從動機的有意與無意來看，酒醉駕車算不算「預謀殺人」？我個人認為算，因為酒醉駕車當然有可能撞到人，只是不知道會撞到誰，是沒有固定對象的預謀殺人。這樣的人應該遵守幾個原則：第一，不要喝酒；第二，喝酒不開車或找代駕；第三，搭不喝酒的指定駕駛朋友的便車、坐計程車或其他交通工具等，這樣都可以避免對別人的傷害。所以，我認為「動機未必是有意的」有時是值得商議的，因為沒有考慮不好的後果。

自欺的五個主要原因

那麼，人類需要或想要欺騙自己，究竟是為了什麼目的？欺騙自己能夠帶來什麼好處？撰寫《人類互動的說謊與欺騙》（Lying and Deception in Human Interaction）的四位學者納普（Mark L. Knapp）、麥克葛龍（Matthew S. McGlone）、葛里芬（Darrin J. Griffin）以及恩內斯特（William Earnest）也將歷來的研究成果歸納出了五個原因：

一、**提高自尊，保護自我形象**。根據研究，很少人覺得自己的自尊比較低或是低於平均數。大部分人想像自己比一般人好，這和別人對自己的評價通常是有差距的。根據另一個研究，後見之明的「偏見」（hindsight bias）、今昔相比，也常是自欺的原因。還有懷舊（nostalgia）的情懷，往往美化過去的好而忘掉過去的不好。尤其是上了年紀，或是年紀大而習慣了某些事情，往往覺得過去比現在好多了。

大部分人都選擇記憶美好、忘掉痛苦的事，這是人之常情。

二、**減少認知失調（cognitive dissonance）**。「認知失調」是美國知名社會心理學家里昂．費斯汀格（Leon Festinger）在一九五七年提出的概念，認為人們通常自認是講理的、道德的和聰明的，一旦面對相反的資訊時，我們會深感不安，想方設法減少這種失調狀況。

以抽菸有害健康為例子來說，常見的解決方法有三種：停止抽菸、換一種失調的思考方式（「科學證據其實是有問題的，所以繼續抽菸」），或是新增一種思考方式（「沒錯，抽菸對我的身體有害，但是抽菸幫助我面對工作和生活上的壓力，因此有好有壞」）。

三、**提升欺騙技巧**。根據社會生物學家崔弗斯（Robert L. Trivers）在二〇〇〇和二〇一一年的研究中，主張自欺是「替欺人做事前演練」。另外，根據艾梭克（Sussan M. Essock）等人在一九八八年的研究，自欺是為了自利而騙別人，展現出利他精神或是無私的行為以博取別人的關心。

四、提高身心健康水平。自欺能夠形成「安慰劑效應」（placebo effect），或是「正向錯覺」（positive illusion）。比如每天早上起床，刷牙時面對鏡子就告訴自己「你很棒你很棒」，講到聲音越來越大，然後自己鼓足勇氣，那天的你就會覺得精神很好。這應該不是完全有效吧？比較合情合理的說法應該是，對某些輕微的病可以靠正向錯覺而改善，對中重度的病是不行的，否則「正向錯覺是可以治百病的萬靈丹」就成了一種披著醫學知識外衣的詐騙。

還有一個是「失能弔詭（悖論）」（disability paradox）。一九九九年，阿爾布雷希特（G. L. Albrecht）與迪夫利耶格（P. J. Devlieger）研究了一百五十位重度失能者，發現超過一半的人認為自己擁有絕佳或是好的生活品質。但別忘了，還是有幾乎一半的人認為失能問題是造成一生不幸的重要原因。這是統計資料解釋的障眼法，需要特別留意。

五、提升競爭表現。運動比賽之前，教練常用這種方式鼓舞選手。一九九一年，史塔瑞克和凱丁（Joanna E. Starek and Caroline F. Keating）曾有個研究是針對參加國家游泳比賽的高技巧選手，發現越成功的選手，使用了越多自我欺騙的方式。

自我欺騙真的能夠帶來快樂？正向錯覺與心理健康

除了前面的研究成果之外，也有些研究主張：某種程度的正向「自我錯覺」對於心理健康是有幫助的。

心理學家泰勒（Shelley E. Taylor）和布朗（Jonathan D. Brown）研究過錯覺和幸福之間的關聯。首先，他們對「正向錯覺」的定義是：「對自己有不切實際的正向看法，誇大了自己的控制能力以及不切實際的樂觀主義。」另外也提到，以前的心理學文獻認為認清現實才是心理健康，但近年來的研究則發現，某些對於自我和環境的錯覺（illusion），對心理健康是有幫助的，至少有助於認知、情感和社會功能，讓人覺得這個世界更溫暖，更適合自己居住和工作。

不過，一九九四年，心理學家科爾文（C. Randall Colvin）與布洛克（Jack Block）卻批評，認為「正向錯覺」的判準沒能在其他後續的相關研究中被證實，所以雙方的辯論仍各持己見。

從經驗上來講，適當的正向錯覺對自己是好的。有的學生問我：「老師，你覺不覺得我今天很漂亮？」我想的是：「同學，你不知道這是個陷阱題嗎？」但我總是說：「對不起，老師不對學生的外貌做任何評論，我只有對你的作業做評論。」如果你覺得自己是帥哥美女，或早餐店阿姨只是客套稱你帥哥美女，就信以為真，某種程度上可以，但不要接下來一大堆行為都自認是真的帥哥美女。要分清楚哪些是客套話，哪些不是，你的正向錯覺也應該有這樣的能力。

騙子是怎樣組成的？三大暗黑人格與詐騙者的種類

自我的組成通常是由不同的時間、地點、社會地位所形成的角色，英文稱為「角色組」（role set）或「地位組」（status set），比如一個人在某個時間可能是消費者，另一個時間是老師，又是乘客等等，他的整體人格組成就是由不同的角色集合而成。這是我的老師默頓在一九五七年就提出的概念。

而詐騙中的地位跟角色，分為詐騙者個體與團體。個體詐騙者就是他在詐騙的時候是騙子，其他時候，他是某個人的孩子或親友。如果加入團體，他就是詐騙團體中的一員，但下班時他在 7-11 裡排隊付帳，就是個消費者，你看不出來他是詐騙集團成員的這種角色。

那麼，具備怎樣人格特質的人會成為詐騙者這樣的角色？

詐騙者有三種

根據研究，詐騙者可以分為以下三種：

一、**人格障礙**（personality disorder）。這應該不難理解，基本上就是具有反社會人格、邊緣型人格障礙、自戀型人格障礙、表演型人格障礙及強迫型人格障礙的詐騙者。

二、**摻假者**（imposeur）。這樣的詐騙者會說一些讓人心動的故事，引誘你掏錢。比如在車站說他沒有錢回家等等。至於說的故事類別則有人際關係故事、軍隊故事、疾病故事、犯罪故事。

三、**冒名頂替者（冒充者綜合症）**。詐騙者會冒充不同身分來騙取利益。比如，以前有個新聞是年輕人騙到了當時的總統，被揭穿後又冒充富豪之家，改名繼續行騙。

三大暗黑人格類型

二〇〇二年，學者保胡斯（Delroy L. Paulhus）和威廉斯（Kevin M. Williams）提出詐騙者的「三大暗黑人格類型」（dark triad of personality）。

第一種是**心理變態**（psychopathy）。這通常在殺人案中常見，但跟一般殺人事件不太一樣的是，這樣的人在不犯罪的時候，可能難以用常理判斷他是一個會殺人的人。

第二種是**自戀**（narcissism）。自戀的人不在乎別人的情感和會不會受傷，以自我為中心，看重的總是自己。

第三種是**馬基維利主義者**（Machiavellianism）。馬基維利主義形容的是操縱別人以達成自己的利益的一系列行為，這名稱是引用自馬基維利的《君主論》，後來簡化成「為達目的，不擇手段」。但就像在第一章提到的，我覺得這樣的形容不太恰當，馬基維利強調的是人在不同情況要有不同作法，詐欺其實是「不得已而為之」。

針對以上三種人格，心理學也分別發展出相關量表。心理變態的研究主要是在一九八五年由羅伯·海爾（Robert Hare）開始進行，他擬定了〈海爾的修正心理變態檢查表〉（Hare Psychopathy Checklist-Revised

〔2nd edition, PCL-R〕），分析心理變態的四因素模型：

一、**人際的**（interpersonal）

言詞流利／膚淺的魅力、誇大的自我價值感、撒謊成性、狡猾控制。

二、**情感的**（affective）

缺乏愧疚感、膚淺的感情、缺乏同理心、不對行動後果負責。

三、**生活風格**（lifestyle）

需要刺激／容易無聊、寄生的生活風格、缺乏務實的長期目標、衝動、不負責任。

四、**反社會**（antisocial）

行為控制薄弱、早年行為問題、少年非行（犯罪）、有條件釋放的撤銷、多種犯罪。

針對自戀型人格，一九七九年，勞勃・拉斯金（Robert Raskin）與卡文・海爾（Calvin S. Hall）則研究出〈自戀型人格目錄〉（A Narcissistic Personality Inventory），提到自戀型人格具備了八項特質：

一、自以為了不起。

二、幻想自己可以擁有無限成就、權力、聰明、美麗或理想的愛情。

三、暴露狂。

四、對別人的批評、漠視或是打擊漠不關心，或是表現出相當憤怒、自卑、羞愧、被羞辱或是空洞的情感。

五、自己覺得應該受到特殊待遇，沒承擔起要回報的責任。

六、占別人便宜。

七、人際關係擺盪在過度理想化或是過度貶抑這兩個極端。

八、缺乏同理心。

是／不是馬基維利主義者？

一九七〇年，心理學家理察・克里斯帝（Richard Christie）和佛羅倫斯・蓋斯（Florence L. Geis）設計出「馬基維利主義人格測驗」（Machiavellian Personality Test）量表，用以檢測一個人的馬基維利主義指數。

測量方式很簡單，只要把各題的答案分數加總統計就可以。總分介於10～23之間的，完全不是馬基維利主義者。有人可能會說這樣的人是理想主義者，而且對於人性抱持樂觀態度。同時也有強烈的是非觀念。

總分介於24～36之間，表示這個人對人性的信賴是比較小心謹慎，相對也沒那麼理想主義，但知道自私自利有時候會阻礙高尚的理想。

總分介於37～50之間，是不折不扣的馬基維利主義者。這樣的人很實際，是個堅定的犬儒主義者，不太相信人性，隨時面對、處理當下的現實狀況，而不是應有的理想狀況。

題目	同意	不知道	不同意
大部分人是誠實的	5	3	1
大部分人會先想到自己的口袋，然後才是對錯。	1	3	5
要讓別人喜歡你，就告訴他或她想要聽的。	5	3	1
要贏得別人尊敬的最好方式就是要對人友善和誠實。	1	3	5
贏取別人忠誠的最好方式就是展現你對他或她是有權力的。	5	3	1
沒有絕對的是非。能行的就是「對」的。	5	3	1
一位好的總統會認真對待民意調查的結果以便發現人民的需要，並將其變成自己的政策。	5	3	1
許多人都是極端自私自利的	5	3	1
信守承諾是神聖的信任	5	3	1
人善被人欺	5	3	1

圖 3-1 馬基維利主義人格測驗

基本上，馬基維利主義者的檢測分界點是60分。超過60分的是「高度馬基」（High Machs），低於60分的則是「輕度馬基」（Low Machs）。

三大暗黑人格×五大人格特質＝？

後來的研究者、心理學家保路斯（Delroy L. Paulhus）和威廉斯（Kevin Williams）在二〇〇二年的文章中指出，這「三大暗黑人格」彼此有重複之處，但是並不是等同於合一：馬基維利主義和自戀的相關係數是.25（即百分之二十五相關），馬基維利主義和心理變態的相關係數是.31，心理變態和自戀的相關係數是.50。

他們也發現「五大人格特質」（big five personality traits）和詐騙之間的關聯。在此我們先說明一下，所謂的「五大人格特質」

是：**外向性**（extraversion）、**親和性**（agreeableness）、**自律性**（conscientiousness）、**情緒性**（neuroticism）、**開放性**（openness）。

而經過研究，三大暗黑人格和五大人格特質之間的關係，呈現出以下四個結論：

一、三大暗黑人格都具有低度的親近性（low agreeableness），也就是臺語說的「歹逗陣」，難相處啦！

二、心理變態和自戀和外向性和開放性相關。

三、馬基維利主義和心理變態和親近性（測量合群性）呈現負相關。

四、只有心理變態和情緒性相關，因為他們比較不會焦慮（anxiety）。

我們為什麼會上當？受害者的特徵

俄裔美籍作家柯妮可娃寫過一本書，叫做《騙局：為什麼聰明人容易上當？》，書中也引用納普的研究，描述了會被詐騙的受害人常見五種特徵：

一是社會交往較少的人往往對詐騙的典型特徵更不熟悉，也不太了解騙局運作的方式。尤其當事人如果又不看新聞、接收新訊息，不知道這種詐騙手法其實都被報導或在網路傳遍了。

二是有強烈願望要達成某項重要目標，但又沒什麼希望能完成的人也容易受騙。這樣的人類似很想中獎，但都沒機會，現在有人通知他抽中頭獎汽車了，要先付一筆錢才能把車領出來之類的，用利誘的手法讓人上當，可以說是「重賞之下，必有詐騙」。

三是對於詐騙的主題有強烈興趣和發自內心響應的人。詐騙的主題可能是中獎啦、談戀愛啦、提供什麼什麼職位給你啦……這一類的。這時，缺錢、缺愛、缺工作的人就很容易上鉤了。

四是十分自信，認為自己特別精明或知識廣博，絕對不可能上當的人。要是我說自己是教詐騙社會學的，誰騙得了我？可能詐騙集團就會設一個目標：「我們來騙騙孫老師吧！」但其實我是容易受騙的人，研究詐騙這個主題真的不是只為了自己，是希望自己多讀一點書，讓自己被騙的次數少一點——我們只能自我要求不騙人，不可能要求別人不騙我們。

五是毫無疑問地輕易認為別人是專家，並且聽從他們意見的人。有時，你沒能力知道誰是或者誰不是專家，特別是如果親人生病、沒幾個月可活，但旁邊有人跟你說，如果吃什麼什麼藥或我認識一個人有那個仙丹，但你得花重金請他出來，兩百萬就可以幫你搞定，這病就會好轉等等……大家總希望自己的親人痊癒，相信只要有一線生機，兩百萬算什麼呢？兩百萬能救回一個人，你知道還不救，是存心害他嗎？如果你心中有這麼奇怪的對話，那被騙的可能性就非常高了。而且到時候，對方還可以不負責任地說：「我有答應他一定救得回來嗎？是你們自己沒有好好照我說的方式做，他才過世的。」要甩鍋很容易的。

我們常在新聞中看到的詐騙受害者，有些符合描述，有些卻不符合。這很正常，別忘了，這些資訊、實驗都是整理出來的結果，**百分之多少的人會這樣，不等於所有人都會這樣**。這跟打疫苗的副作用一樣，**每一個人其實都是個案**。

研究者的自欺：扮演上帝的精神醫學實驗

最後，探討詐騙與自我，也值得討論一下「身分竊取」（identity theft），例如被假冒身分、帳號被盜等。不過由於沒有合適的相關研究，在此，我以有關這主題的四部文藝作品為案例。這些作品比起本章講述的眾多學術研究成果，或許更容易讓一般大眾一窺詐騙與自我身分之間的關係。

第一個是一九八三年，美國歷史學家戴維斯（Natalie Zemon Davis）根據歐洲歷史真實案例所寫成的《馬丹・蓋赫返鄉記》（或譯《馬丁・蓋爾歸來》）（The Return of Martin Guerre），還有一九九三年根據這個故事改編的電影《男兒本色》（Sommersby）。電影調整了故事發生的時空，但主線仍然是個假冒身分的愛情故事，由李察・吉爾和茱蒂・佛斯特主演。

第二部比較不出名，是二〇一七年上映的電影，叫做《精神狀態》（Three Christs），是精神醫師治療三個身分認同障礙病人的真實案例。一九六四年，精神科醫師羅克奇（Milton Rokeach）出版以個人真實實驗寫成的研究報告《伊布斯蘭提醫院的三個基督》（The Three Christs of Ypsilanti），書中描寫一九五九年，美國密西根州的精神病院裡，一個精神科醫師在三個幻想自己是基督的病患身上，採用精神醫學實驗的過程。

他原先認為，既然三人都認為自己是基督，那麼將他們收容在同一個病院裡一起治療，應該會讓他們體會到「自己不是基督」。萬萬沒想到，結局並非如此。為了不劇透，這裡就賣個關子，讓有好奇心的各位自行去找該片來細細品味。巧合的是，在《精神狀態》電影裡扮演精神科醫師的也是李察・吉爾。

以現在的眼光來看，這個實驗的研究倫理是有問題的，也受到很多批評，包括精神科醫師本人也承認，自己有點假扮上帝角色。我想他當初在設計這個實驗時，可能沒有詐騙的意圖，但是最後不小心有了詐騙的後果。

第三部電影就是比較知名的《神鬼交鋒》（Catch Me If You Can）。這部電影於二〇〇二年發行，由史蒂芬・史匹柏執導，演員陣容有李奧納多・狄卡皮歐和湯姆・漢克斯等人，改編自一個在美國一九六〇年代著名的竊取身分詐欺犯法蘭克・威廉・艾巴內爾二世（Frank Abagnale Jr.）的自傳。

第四部是二〇二二年在網飛（Netflix）播出的《創造安娜》，是一名冒牌富二代在紐約上流社交圈行騙的故事，也是由真實故事改編。劇中透露出很多行騙的伎倆，讓我嘆為觀止！

這些作品都來自於真實事件，切合這一章的主題，只是有些「自欺」不只發生在自己身上，也發生在研究者，也就是擁有權力的人身上。過去，研究者往往因為擁有相對較高的權力與話語權，時常陷入這種自以為高人一等，甚至不自覺操弄別人的情況，或相信自己是真正真理的信徒與傳播者。人人都有可能有意無意地自欺，但是當自己擁有更高的權力或是角色混淆的時候，又會帶來什麼後果？

ch. 4

小孩子不會說謊……真的嗎？

年齡、祕密與謊言

「嬰兒非與戲也。嬰兒非有知也，待父母而學者也，聽父母之教，今子欺之，是教子欺也。母欺子，子而不信其母，非所以成教也。」

——曾子

在前面章節，我們主要談了成年人從騙他人到騙自己，常常表現得「言行不一致」。大人有時會在孩子面前撒謊，有時是善意的謊言，或者有時是一種集體隱瞞，比如在小孩說「那個孫伯伯很胖」時，大人會趕快摀住他的嘴。還有以前唸書時，在督學來檢查學校是否有偷用參考書的那天，全校師生會合力把所有參考書藏起來。

但是不管哪個國家和文化，大概都會同意一件事：「誠實」是一個共通的教養小孩的原則，所以我們會用「小木偶」、「放羊的孩子亂喊狼來了」以及「華盛頓砍倒櫻桃樹」等故事來強化誠實的重要性。「家庭」是人出生之後第一個成長的地方，最早接觸的「制度」。我們對於家的概念是親密、信任、支持等等，對家庭成員如小孩的教育原則是誠實不說謊。但是，家人之間真的沒有謊話嗎？家庭可以容納祕密嗎？

小孩子真的因為比較單純、天真而不會說謊嗎？年紀越大的人，會因為「薑是老的辣」，社會歷練多了就比較能識破謊言？還有，就像「孫伯伯很胖」的情境，小孩究竟該不該完全誠實、能不能說謊？我認為這些問題不能說死，其實可以好好探討各種情境。

◎祕密的意義：不只利益，有時是「為你好」

我退休的幾年前開過三次「詐騙社會學」這門課，但使用「詐騙」這個詞是為了方便，如果一個「謊言」是發生在家庭中，「詐騙」的指控恐怕有一點嚴重。很多時候，連「謊言」也算不上，應該只能說是「隱瞞」，就是該告訴你的真相沒告訴你。這當然會產生一些後果，但隱瞞的理由卻是：「一切都是為你好」。尤其華人文化通常認為，大人決定的事，你們小孩就接受吧，因為「一切都是為你好」。講這句話的人自己覺得心安，但聽這句話的人，也會心想：「你要不要先問問我啊？」

建構祕密的三種關係

討論家庭中的欺騙，或是比較恰當地說：家庭中的「祕密」，要先從社會學的角度來檢視家庭的主要關係：**夫妻**、**親子與祖孫**。

第一個是**夫妻關係**。這是組成家庭的要素，或者也可以說同居伴侶，因為在有些國家，同居與夫妻關係的法律地位是一樣的。

那麼，夫妻之間有什麼祕密？多得很啊，最常見的就是外遇吧！例如之前優質偶像和前妻撲朔迷離的婚姻事件，我每天都在追，也就是俗語說的「吃瓜」。這是我的娛樂，但也是有關社會學的研究，只是往往新聞人物爆的料比我教的還有更多細節。

家庭裡還有**親子關係**，或有些家庭是有親子關係卻沒有夫妻關係，比如離婚夫妻與小孩。離婚的人會說：「我們還是一家人。」因為血緣關係一旦成立，不會因為婚姻的有無而改變，包括外面的私生子。

至於親子關係之外，還有**祖孫關係**，尤其東方社會家庭裡常有祖孫隔代教養的情況，或是像中國之前「一胎化」，導致最大的問題是未來一個小孩要養六個大人——自己的爸媽、爸爸的爸媽（祖父母或爺爺奶奶）和媽媽的爸媽（外祖父母或姥爺姥姥）。

通常家庭祕密曝光後，尤其主角是演藝圈或政商名流之類的，都會成為新聞及茶餘飯後的八卦。但其實，我很鼓勵大家看「八卦」，給自己娛樂也訓練自己的腦子。

我教社會學理論的時候通常是從社會學家的生平講起，生活會影響一個人的思想、內在理路，我特別會注意他們的精神狀態是否健全（是否精神崩潰過），男女關係（情感經歷、是否有外遇），以及是否繼承遺產（這樣才可以專心做學問）。這些生活上的事情，可以讓學生看見這些社會學家人性的一面。

我也認為，透過別人稱為「八卦」的東西，得以對照、思考與觀察這些事件發生在他們身上，他們為什麼這樣做、這樣想？同時也靠著八卦來檢查自己的某些想法——我會怎麼想？為什麼會這樣想？為什麼不是往另外那個方向想哪些是真的？哪些又是「謊言」？

蘇格拉底說：「沒有經過審視的生活，是不值得活的。」也因為這些事並不發生在自己身上，我們能夠比較清醒地探索、討論，有理性地判斷，而讓人找到一些道理，學到自己的人生教訓。當然，能學到明辨是非更好。

「他只是個孩子啊」：社會心理的發展階段與說謊類型

通常傳統社會學講到社會化時，談的是人類如何從一個小孩，一個比較沒有教養、沒有教化的，到學習社會規範變成一個社會人。簡單來說，就是怎樣從一個自然人到一個社會人的過程。這裡，我們要借助心理學領域的相關研究，先來了解兒童的道德認知發展，才能往下探討說謊行為與原因。

社會心理發展階段面面觀

首先，不能不提德裔美籍心理學家艾瑞克・艾瑞克森（Erik Erikson），他最著名的是提出了「社會心理發展的八階段」理論，中文維基百科對此做了一個整理的圖表，如圖4－1。

透過這個表格，我們可以看到人從搖籃到墳墓的生命成長歷程中，第一階段都要先處理「信任或不信任」的問題。所以，我一直強調詐騙跟信任是綁在一起的。很多人喜歡跟小孩開玩笑，想測試小孩的信任感或者覺得只是無傷大雅的樂趣，想要逗逗小孩、看小孩的反應——這對於心智還不成熟的小孩來說，因為分不清楚大人的言行是認真的還是開玩笑的，恐怕會對小孩的認知和道德發展造成很大的混淆，建議大家不要這樣做。

《韓非子．外儲說左上 七十一》就記載著孔子弟子曾子的太太有一次上街，為了應付跟著去的孩子的哭鬧，就答應要在回家後殺豬給他吃。回家後曾子要殺豬，太太就阻止，認為自己當時是哄騙小孩的，不必當真。曾子就很嚴肅地說：「不能跟小孩開玩笑。父母親是小孩的道德榜樣，不能欺騙小孩，否則就是教小孩可以欺騙。小孩不相信父母，就會沒有教養。」所以遵守諾言殺豬來吃。

大約年齡	德性	社會心理危機	顯著關係	存在問題	例子
0-2 歲	希望	信任 vs. 不信任	母親	我能不能信任這個世界？	餵食、遺棄
2-4 歲	意志	自主獨立 vs. 羞怯懷疑	雙親	我可不可以成為我自己？	如廁訓練、自行著裝
4-5 歲	目的	主動 vs. 內疚	家庭	為我自己而做、移動和行動是可以的嗎？	探索、使用工具或創作藝術
5-12 歲	能力	勤奮 vs. 自卑	鄰居、學校	我能不能為全世界的人與事物做什麼事？	學校活動、運動
13-19 歲	忠誠	身分 vs. 角色混亂	同儕、模範	我是誰？我能成為什麼？	人際關係
20-39 歲	愛	親密 vs. 孤獨	朋友、伴侶	我能不能去愛？	親密關係
40-64 歲	關懷	愛心關懷 vs. 頹廢遲滯	家庭成員、工作夥伴	如何完成我所認為的人生？	工作、夥伴
65 歲 - 死亡	智慧	完美無缺 vs. 悲觀沮喪	人類、我的同類	對於成為我自己的過程是否滿意？	回顧人生

圖 4-1 社會心理發展的八階段　（資料來源：中文維基）

而在這個階段，對小孩來說最重要的關係人是「母親」，存在的問題是「能不能相信這個世界」。近年來流行的「依戀／附理論」（attachment theory），也把現在的我們在成人時期發生的很多人際關係問題，都回溯到當年父母親或主要照顧者（caregiver）照顧小孩的那個時期。

因此，根據「依戀／附理論」，又發展出三種「依戀／附風格」（attachment style）的分類，我們就簡單說明一下：其一是「安全型」，對人和人際交往都有比較多的信任和信賴；對立的一面是「逃避型」，這種類型的覺得對與人相處很畏懼，所以不太願意跟人相處。夾在兩者中間的則是猶豫不斷，要相信還是不要相信？完全不能做決定，非常焦慮的「焦慮型」。

到了十三到十九歲是所謂的青少年階段，主要的問題變成是「我是誰？我能成為什麼？」就是自我認同問題。像我高中時代的日記，每天都在寫「什麼誰誰認為我是什麼樣的人，我根本就不是這樣的人」，很在意別人對我的看法，自我認同很焦慮。亞洲小孩的青春期幾乎全都被壓縮在課業裡，基本上就是讓一個人在模子裡面生活，如果是個性突出、超出那個模子，反而變成有問題，往往限制了一個人的個性發展。從這個理論來看，就是在那個階段沒有完成解決自我認同的任務。

我個人越來越覺得，十二歲到二十二歲真的是人生最為特殊的階段。十二歲小學畢業，二十二歲大學畢業，應該是人生情感、理智和意志發展最關鍵的時段，因為我們在這幾方面都處於塑形的階段。這段時間一過，要是都沒學好，這輩子可能就會在各方面徬徨無助，沒有個性，不知道自己要幹麼；就算能找到工作，但情感或其他人際關係的困擾會追隨你一輩子，因為你沒有確立一個穩定的自我。

兒童的道德感如何發展？

接下來，我們來看看哈佛心理學教授勞倫斯・柯爾伯格（Lawrence Kohlberg）著名的道德發展六階段論。這裡我們也仰賴中文維基百科的整理：

一、道德成規前期（前習俗 pre-conventional）：

1. **服從與懲罰定向（避罰服從）**

我們為什麼會服從？因為要避免被懲罰。

2. **利己主義定向（相對功利）**

就是「對我有何益處？」但不同國家、性別的表現，也會有所不同。美國心理學家吉利根（Carol Gilligan）的名作《在不同的聲音》（In a Different Voice）便說，柯爾伯格研究的都是男生，女生在小時候受的訓練多是要替別人著想，所以很多女生比較沒有自我。而她強調

「關懷倫理學」（ethics of care）。

女性主義還沒興起之前，只有對男孩的教育是「利己主義」，女生則要順從、為別人著想。所以在傳統教育中，男孩子摔倒了會被說不能哭、要堅忍，女孩子摔倒了就說哭吧，反正妳是女孩子。但現在已經慢慢能夠轉變了，男孩哭也不是問題，沒有喪失所謂的陽剛氣質。不像以前，一個男生要是哭，真的不必做人了，同學看不起你，老師也看不起你，所有人聯合起來看不起你。

二、道德成規期（習俗 conventional）：

3.人際和諧與一致（尋求認可）

這是「好孩子定向」，要跟別人一樣才能找到認同。顯然我這一關是沒過的，我很堅持自己的想法，而且都有我的理由。如果你的想法有你的理由，即使妨礙我，但我尊重你，你也要尊重我。

4.維護權威與社會秩序定向（社會法制）

這是「法律與秩序定向」，學會順從社會，任何違反社會法制的人，你都覺得有責任要指責他。現在網路上存在的「爆料公社」可能比較像這種所謂的「正義魔人」，或是還不到正義魔人，而是覺得維護社會正義是每個公民必需的責任。可弔詭的是，這樣的人往往是被許多人討厭的。

三、**道德成規後期（後習俗 post-conventional）**：

5. **社會契約定向**

6. **普遍倫理原則（原則與良心定向）**

不過我們可以仔細想想，和諧與維護權威、秩序，跟「抓耙子」有什麼差別？學生時代是不是還有風紀股長，就是誰上課講話，風紀股長就打小報告上去。有一次，我跟一個美國人說這件事，他非常驚駭。他說管理秩序本來就是老師的事，學生是要學習的，為什麼要叫學生做老師的工作，叫他背叛其他同學，讓這個學生跟別人不一樣？我才懂了，那恐怕就是抓耙子的根源。老師覺得學生維持秩序，是替老師、替同學服務，這種集體文化的社會裡不覺得做這種事是損害別人的人權，而是認為揪出犯罪分子、一個不合群的人，才是應該做的。

也因此值得我們討論的是，什麼時候是一個人該站出來，用公民社會的精神來維持的社會正義？什麼時候會變成抓耙子？每次社會事件新聞出來的時候，我常常想的不是誰該怎樣、誰該去死，而是我們有沒有機會好好談論這個制度問題，卻不是針對某個人。

影響兒童說謊與否的要素

亞裔學者李康（Kang Lee）曾在二〇一六年的ＴＥＤ演講裡談到小孩說謊的問題，他在二〇一三年的研究中引用了英國哲學家約翰・奧斯丁（John Austin）的「語言行動理論」（speech act theory）。這理論出自一九六二年出版的名著《如何以言語行事》（How to Do Things with Words），認為語言除了傳達意志，還傳達態度，具有非常全面的功能。

奧斯丁主張，語言不僅僅是對事態（state of affair）的描述，而是一種受到行動者意圖影響而促發達成社會功能的行動。語言是社會行動的工具，也就是說，語言會讓人採取相對應的行動。

李康把「語言行動理論」運用於孩童欺騙行為的研究，強調影響孩童欺騙的兩種要素：

一、**意圖性**（intentionality），指意圖、欲望和信念等等心理狀態。這叫「心靈理論」（theory of mind），「心靈」翻成「思想」也可以。分成第一階心靈理論（first degree theory of mind），是指小孩說的話，以及第二階心靈理論（second degree theory of mind），是研究者根據小孩所撒的謊來判斷他為什麼會這樣想。

二、**規範性**（conventionality），指社會規範，比如收到禮物要有禮貌、說謝謝等等。

李康提到，孩童的成長過程就是學會「判斷」，判斷在怎樣的社會脈絡下要選擇誠實或說謊，否則會造成嚴重的負面後果。因此重要的不是孩子說謊或不說謊，而是他會不會判斷何時該說謊、何時不該說謊，以及這個「何時」是不是一個正確的選擇？

這基本上就是儒家思想中的「權變」。如果你要是為了私利而沒有立場，那是人格不高尚；如果是為了公眾的利益，權變是值得讚賞的。《易經》裡說：「知進退存亡而不失其正者，其為聖人乎！」不管你是進是退，是生還是死，刀子架在你脖子上，你要說真話還是要順從？才是真考驗。李康的研究結論很值得深思：一般而言，我們都從道德立場來思考小孩說謊問題，而沒有考慮到說謊場合的問題，更重要的是，我們有沒有教會小孩要區分說謊跟不說謊時機的正確選擇。

身教大於言教

海斯（Chelsea Hays）和卡佛（Leslie J. Carver）二〇〇四年的研究則發現：在先前被謊話欺騙過的學齡兒童比較容易對實驗對象撒謊，而且也會對自己的說謊行為撒謊。可是對學齡前的兒童來說，不管實驗之前是被騙過，都沒有偷窺與否及撒謊與否的差別。換句話說，觀察到成人說謊的孩童自己也比較容易說謊。

小孩很快會觀察到，說實話和說謊話都可能受到懲罰，因此很困擾。我覺得講「困擾」很客氣，很可能根本沒有困擾，就直接說謊混過。大部分的人就這樣長大，只要這個謊不是太嚴重或不要被發現就好了，有人甚至錯誤地認為：沒被發現，就不算說謊。

比如媽媽說：「你看這阿姨是不是很年輕？」「媽，你不是說過她長得很醜很老？說她雀斑滿臉嗎？」如果你這樣講，壓歲錢會少很多，是吧？又比如爸爸說：「孫伯伯來了。」「啊就是你說他很胖的那個。」這就是不懂講話的小孩，顯然爸爸講過孫伯伯很胖，或者孫伯伯就是很胖。

但如果厲害一點、認知比較成熟的小孩會說：「啊，是那個很有學問的伯伯。」我聽了多高興啊對不對？紅包一定加碼嘛。所以，說實話有時沒有好結果，這個我相信你不用上我的課就知道。

陶瓦（Victoria Talwar）和克羅斯曼（Angela Crossman）也在二〇一一年的研究中整理出一份孩童說謊的類型表格，分為反社會、利社會的，以及初級、次級、三級。可參考圖4－2。

另外，費德曼（Robert S. Feldman）、托馬先（Jason C. Tomasian）

謊言分類	定義	發展時機	說謊類型	開放式研究問題
反社會的	自利的謊言（為了自利和傷害別人，否認做錯事）。	最早兩歲就會否認	為了贏取獎品而說謊；為了避免麻煩或處罰他人而說謊。	反社會的說謊行為是怎麼隨時間而發展的？在哪個時間點上，反社會的謊言變成「問題謊言」？這些謊言是如何發展的？為誰而發展？
利社會的	為了別人的利益而說謊（例如：為了表示禮貌，或是為了別人，為了利他）。	最早三歲，視動機而定。	為了表示禮貌，或是為了別人，雖然會犧牲自己。	早期的利社會謊言真的是有利社會的嗎？還是說，這種謊言是避免讓人困擾或惹出麻煩；這種利社會的謊言和反社會的謊言有類似的發展軌跡嗎？有沒有「問題」利社會謊言？
初級	有意說出謊言；否認違反規範而且避免惹出麻煩。	二到三歲，不過並不常見。	傾向於否認或是撒小謊。可能只是有意的小謊言。	這種行為真的算是說謊嗎？這種謊言真是有意的嗎？孩童說謊時真的知道自己在說謊嗎？會到什麼程度？
次級	隨時準備好說謊以掩蓋自己犯錯	四歲	有能力說出有意的謊言，讓人信以為真。	為什麼有些孩童持續仰賴這種策略？這和有效的情緒管理有關嗎？
三級		七到八歲	在否認之後還能讓人信以為真；謊言越來越難被揭穿。	在孩童發展出「更高明」的說謊技巧之後，孩童選擇什麼時候說謊？孩童這種說謊能力和五歲到七歲的轉變有關嗎？

圖 4-2　兒童說謊類型

（資料來源：Victoria Talwar & Angela Crossman〔2011: 146〕）

和柯茲（Erik J. Coats）三位在一九九九年的研究則發現，有些十一至十六歲的青少年會學到謊言有輕重之分，而社交能力較強的青少年比社交能力較弱的青少年較擅長欺騙；並且從年齡來看，年長的比年輕的更擅長欺騙，同年齡的女性比男性擅長欺騙。這也可以看出，社交能力的強弱和擅長說謊與否有著相當強的關聯，恐怕也不是只從道德層面來考慮說謊與否就可以簡單認定的。

長大以後，越來越精進：更精緻與更利益的青春期謊言

在兒童階段之後，青少年發展出更精緻的推理來判斷說謊是否對自己有利（成本—效益分析，簡單地講叫CP值）。青少年不僅擔心說謊

被揭穿，也擔心被揭穿的情況和結果，例如朋友、父母和老師的看法。如果被揭穿的可能性不高，青少年可能還是會考慮到說謊的利弊得失，而對說謊行為有所遲疑。

此外，這一代的青少年是網路原生世代，有著父母親的青少年時期沒有的網路經驗，也往往由於父母親在網路世界的陌生而採取欺騙。

二〇一三年，電腦防毒軟體公司（McAfee）做了一份針對青少年網路行為的研究〈數位詐騙：探索親子之間的網路不連線〉（Digital Deception: Exploring the Online Disconnect between Parents and Kids），調查了超過一千位青少年和父母的網路行為。其中百分之八十六的青少年相信他們所造訪的社交網站是安全的，同時他們也了解在網路上分享個人資訊是要承擔風險的。不過卻有百分之五十的青少年提供過自己的電子郵件，百分之三十二提供過自己的電話號碼，百分之四十八的青少年造訪過他們父母親不會同意的網站，百分之二十九使用過盜版音樂及觀賞過網路盜版電影。

父母親不知道孩子私下做了些什麼事情的最極端事件就是犯罪行為。每當這樣的新聞事件發生時，媒體去訪問當事人的爸媽，他們都會說：「啊，他是一個好孩子。」通常鄰居也會說：「他很乖啦，我不相信他會做這種事情。」證據確鑿的話，爸媽就會改口說，都是因為他交了壞朋友，怎麼也不願意面對自己孩子犯錯的事實。這已經是觀眾熟悉的套路了。

有了網路之後，一般親子之間的相互不了解就更擴大了，祕密或謊言可能也就更應運而滋生蔓延。

少年的心，好複雜！

上述的研究也發現：將近百分之七十的青少年都對父母隱瞞過自己在網路上的行為。有時這只是一種青少年的反叛，其實沒做什麼事情，主要是在於父母對網路的貧乏認識。很多媽媽學電腦的原因，就是要加孩子臉書好友，然後還要用個假名，因為孩子已經遮蔽了媽媽，媽媽就必須用另外一個帳號來監控小孩。

以前我偶爾有機會跟家長演講，我說你們幹嘛不能坦誠跟小孩溝通，要用假帳號，這對他來講是欺騙。但家長會回：「可是他不願意跟我講。」那應該回到情況源頭：他為什麼不願意跟你講？這種不重視直接面對面的溝通而用這樣迂迴的辦法，實在也是令我感嘆不已的。

以下，我們來看看一些不同的研究，歸納出不同年齡的人說謊或欺騙的原因。

納普、麥克葛龍、葛里芬及恩內斯特等人在他們合寫的《人類互動的說謊與欺騙》中，曾經整理過母親和老師對於四歲孩童說謊的原因有不同比例的認定，由高（百分之四十以上）至低（百分之一以下）為：**怕被懲罰**、**不懂事**、**玩樂或幻想**、**如願以償**、**保護自我印象**、**討好**、**開玩笑**、**找麻煩**、**保護某人**，甚至**原因不明**也有。

但這些是基於老師和母親認為的原因，而不是以當事人（小孩）的想法為主。在研究法上，這是一個他人報告（other report），不是自我報告（self report），因為有些小孩可能還不到能夠自我報告的狀態。所以，對於這樣的研究成果也要謹慎對待。

接著，根據幾位學者的相關研究，歸納出青春期說謊的原因如下：

首先是為了**避免懲罰**。這和孩童說謊的原因相同。第二是**與同伴團體關係相關的原因**：「顯示自己了不起、受歡迎和被接納」、「誇大或虛構個人經歷」、「編造關於他人的負面故事，極力撇清自己和他們的關係」、「為了保守祕密或忠於（不出賣）朋友，甚至替朋友擋子彈」。

和研究說謊而著名的美國心理學家同姓的艾克曼（M. A. M. Ekman）在一九八九年的一項研究中發現，青少年就算知道誰弄壞了教室的錄音機，但是被問起時，只有不到三分之一的人會「出賣」朋友。

一九六九年，哈拉第（Herbert Harrati）和麥可戴維（John W. McDavid）找了兩個班級做「告密」（finking）實驗：一班選出一位不出色的同學，另一班選出一位特別出色的同學，兩人都在老師不在教室時，走向講臺前拿走桌上的錢幣。如果班上同學單獨受訪，每位同學都會說實話，指出拿錢的同學。如果是一組人同時受訪，不出色的同學往往會被指認，而出色的同學則被放過不提。這就是為什麼訪問要採取隔離審訊，因為一起問，大家就會串供、看別人臉色，覺得他都沒說我怎麼能說話呢？

第三是**與權威人物相關的原因**。例如「隱藏或欺騙使自己與權威人物勢力相當」或是「遺漏謊言」（lie of omission，「你沒問，所以我就沒說」）。

學者霍爾特（John Holt）在一九六四年出版，後來在一九八二年再版的《孩童是如何失敗的》（How Children Fail）一書中指出，教室中誤用了權威對學生會有負面的影響，教師們往往自以為是孩子的上帝，具有全知、全能、理性、正義，永遠不會犯錯——這是我們欺騙自己最大的謊言。這也提醒了具有權威的人，在孩童面前更應該謹慎。

最後是**與不斷增長自主和獨立意識相關的原因**。「不願意和家人分享成長經驗」、「為了不讓父母擔心或不想聽父母嘮叨而說謊」、「學習多大程度要遵守成人世界的誠實準則」。一般而言，對小學時期的孩童來說，老師很重要，大家都會聽老師的。中學以後，朋友就變得很重要，聽老師的還不如聽同學的，尤其是聽那些在同儕團體裡面很厲害的、被大家敬仰的同學。

我該怎麼辦？應對小孩說謊的策略

在這麼多的說謊研究之後，發現小孩會說謊（而且越來越進步）的父母該怎麼辦？納普、麥克葛龍、葛里芬及恩內斯特等人合寫的《人類互動的說謊與欺騙》中也建議了五項對策：

一、**隨著孩童生命階段的改變而調整反應**。也就是保持親子之間暢通的溝通，有彈性地調整，而不是一套方式走到底。

二、**考慮到雙重標準的效果**。這是「以身作則」，你要孩子別做的事跟你自己不要做的事情，是一樣的。

三、**考慮到「可見的掙扎」（struggling visibly）的效果**。家長自己面臨犯錯抉擇時，可以施行機會教育，讓小孩知道未來碰到類似事件時該如何處理。比如，你面臨了一個必須說謊的情況，那說謊後要跟小孩解釋，我這樣是為了什麼。不要把自己做的錯事合理化，而是要告訴他你的掙扎——選擇A會有什麼結果、選擇B有什麼結果，然後把選擇的理由告訴小孩，讓他了解有時必須做取捨，這是個機會教育。

四、考慮到互惠的效果。

五、考慮到極端情緒反應的效果。

如何處置小孩說謊，對很多家長而言是一個頭痛的問題。我們大學老師比較沒這個煩惱，除非是考試作弊或報告抄襲。不過我覺得教小孩，不應該說你不能騙人、一定要永遠誠實，因為就算這樣講，到了學校或出社會、人際往來，他還是會學會說謊。畢竟說謊有時候是靈活的表現，讓他們適應生活。在日後的社會生活裡，大部分無傷大雅的小謊是無所謂的，如果連撒個小謊都有道德上的潔癖，那也很難跟人相處。

因此，「絕對不能撒謊」，我認為是不可行也沒有必要的，只是要讓小孩了解，何時可以用和傷害人的時候不能用，這才是關鍵。原則上不能撒謊，但總有例外，真的遇到特殊狀況可以變通，而變通的底線是不能傷害別人。《論語．憲問 三》裡也說：「邦有道，危言危行；邦無道，危行言孫。」社會、政治運作很清明的時候，做事、講話都很正直；如果社會不清明，你做事一樣要正直，但話不要亂講，要謹慎。孔老夫子的教訓在今天似乎也還有著相當的參考價值。

薑是老的辣：年紀越大，越有歷練看穿謊話？

小孩說謊是不是很容易被看出來？我們大部分的大人覺得當然啊，小孩子涉世未深，說謊當然容易被看穿，所以說謊技術跟年紀是正相關，一個人越成熟也越能識破謊話——不過，相關研究的結果真的是這樣嗎？

謊言的偵測標準：眼神、笑容、音調與肢體動作

首先，**從三歲孩童到二十歲的成人，偵測說謊的能力會隨著年齡增長而增強**。但是沒有測謊能力是高達百分之五十以上，甚至是專業測謊的人也沒有比我們一般人強太多，基本上和丟銅板的五十、五十機率差不多。

通常女孩比男孩容易識破謊言。大部分人覺得女孩比較單純、容易被騙，但一九八二年，迪波洛（Bella M. DePaulo）、喬丹（Audrey Jordan）、爾萬（Audrey Irvine）及雷瑟（Patricia S. Laser）的研究發現並非如此。

從五歲到十歲，孩童隨著年紀的成長，也更能看出口語和非口語行為的一致性。如果你嘗試跟小朋友說謊，等他越來越大，就越能看出來你在說謊。

另外，佛雷瑞（Alejo Freire）、艾斯克里特（Michelle Eskritt）及

李康在二〇〇四年的研究指出，**四、五歲的孩童會根據眼神來判斷對方是否隱藏了某些東西。他們也會注意到眼神、微笑和聲調當成偵測謊言的線索**。很早以來，人們就發現眼神是判斷說謊的最好標準之一。很多人認為眼神會透露出內心的狀態，所以說眼睛是「靈魂之窗」。孟子也說：「存乎人者，莫良於眸子。」（〈離婁上 十五〉）一個人心中有什麼鬼，看他是否眼神閃爍就知道。但現在大部分的人都近視，我發現能夠透露出來的東西可能是：你有戴隱形眼鏡嗎？你有戴放大片嗎？

二〇〇三年，羅騰堡（Ken J. Rotenberg）、愛森堡（Nancy Eisenberg）及其他合作者聯合的研究結果發現：**四年級到六年級的孩童比起二年級的，更能透過觀察間接眼神和主動的肢體動作來偵測欺騙。六年級學童會用發誓保密來發現說謊者是否欺騙**。比如說：「我們是好朋友，所以你要跟我講。」或是反過來：「我們是好朋友，所以你不要跟別人說。」用共有的祕密強化內部團結，對抗外在世界。

至於年紀比較小的學童（二年級和四年級）會用觀察行為線索的方

法來偵測說謊。這些線索都不是更複雜和精緻，所以年紀越小的孩童確實不是很有技巧能偵測說謊。

許多關於成人與孩童謊言偵測的研究都發現，成人比較容易識破年紀小的孩童的謊言，然而年紀大的孩童的謊言則不容易識破。這應該和小孩還未能學會欺騙在認知和行為方面的複雜性有關。

說謊技巧與識破能力的同步發展

不過，紐康（Peter A. Newcombe）及布蘭斯葛洛芙（Jennifer Bransgrove）二〇〇七年的研究成果卻相反：年紀大的孩子可能因為知道說謊的負面後果，會比較焦慮而不容易隱藏謊言。

陶瓦和李康在二〇〇八年的聯合研究則發現，孩童成功說謊的能力是隨著年齡而增加。但是會增加到無限嗎？是一種指數成長嗎？不可能，到了某個年紀應該就會停止。因此這研究說得不夠完整，應該是從幾歲到幾歲是增加的，幾歲以後可能就持平了，或緩緩上升，或開始下降。否則一個人活到九十多、一百歲的時候，天哪根本就是測謊專家嘛！所有犯人也不用審訊調查或證據了，只要在老人面前走一圈，就知道到底有沒有犯罪。

還有研究指出，許多成年人和孩童都很難在面對面的場合中識破欺騙行為，最高的成功機率落在百分之五十到六十之間。隨著年紀增長，小孩子越來越是個說謊高手，同時也是使用更複雜的策略來識破謊言的高手。但無論是用科學方法鑑定，還是人類在成長過程中經歷各種歷練，同時學會說謊與識破說謊的能力，以我讀過的文獻來看，偵測謊言依然是非常困難的事。

我和臺大法律系教授李茂生曾經是臺大性平會的同事，因此有機會請教他一些法律問題。以前，我一直以為「人證」非常重要，但他說：「人證不重要，因為人會看錯人啊，還會說謊，所以物證才重要。」讓我驚訝到不行。

當我們關注一個小孩到變成社會人的發展過程中，說謊行為的演變，也同時會意識到，每個人都曾說過大小不一的謊話，對象從父母到老師、朋友等各種成長階段要互動的人。也有很多時候，我們說謊是為了保護自己人，至於會不會對別人有傷害，那不是我們的事。

我以前在教課時宣布過，在我的課堂上，要是你除了抄襲以外寫不出報告的話，來跟我說，我們用別的方式來給成績。我希望學生要給自己一個選擇，不要作弊、不要抄襲、不要說謊；真的過不了的時候，讓老師來幫助你，這是我的基本原則。教學生涯三十五年中，沒碰過學生來跟我說過。我是一片真心，希望他們沒騙過我。

很多時候，也不是面臨生死存亡的情境，不要覺得人生只要說個謊，我頭過身就過。你不是貓啊，千萬不要這樣子。人生很重要，無論是謊言、真相還是信任，我們探討的這些知識都能夠幫助自己現在與將來的生活，而誠實還是最好的人生選擇。

ch. 5

聰明反被聰明誤？

人際、制度與政治

「在大多數行業中，說謊都被視為不可接受的行為；但在國際政治之中，通常視說謊為令人遺憾但有時卻是必要的行為。」

——米爾斯海默（John J. Mearsheimer）

說到詐騙，我們最容易想到詐騙集團——可能是一群有專業訓練的黑道組織，利用各種管道對民眾下手。然而，如果進行詐騙的是政治人物、政黨甚至是國家政府呢？

這是本章要談的「政治詐騙」的其中一部分，小從競選人的政見跳票、政治人物塑造自己人設的「造神運動」或「造浪運動」；大至希特勒時代或美國參與越戰、轟炸寮國、發起伊拉克戰爭前，政府的資訊都未對人民公開……這些都是奠基於人民對制度、組織、公部門的信任而進行的詐騙。

但所謂「信者恆信、不信者恆不信」，政治人物的「鐵粉」總是堅決相信自己支持的人沒有問題，不支持的人都有問題，這都不是民主公民的健康態度。然而這份堅決的信任感究竟從何而來？除了政治，新聞上也時常看到新興宗教組織的詐騙案件，支持者也不乏大眾認知的高知識分子或有地位的社會人士。為什麼看來聰明、有足夠知識和社會經驗的人們，也會上當呢？

詐騙無關智商：人際與制度的信任

在第二章，我們已經了解詐騙與信任間的「羈絆」，接下來，則是要拉到個人層面及社會制度來對照看看，腦粉鐵粉到底是怎樣誕生的？

其實就社會整體來看，不管古今中外，為了社會的正常運行，詐騙是很少見的。但從個人面來看，你只要被騙過一次，無論大小，就會覺得詐騙無所不在——儘管實際上，詐騙還沒盛行到足以妨礙社會的運作；要達到經濟崩盤、通貨膨脹，那才是完全沒辦法運作的程度。

最常見的信任是來自於「人」，有時候則是根據「制度」。在傳統社會裡，因為你認識那個人，所以你相信他；如果是在陌生情況下，你不懂那個人，要相信他恐怕有點困難。

人際信任的十一種來源

綜合各項前輩的研究成果，人際間的信任來源，具有以下十一種：

一、**外表：外型條件優秀者容易被信任**

如果你不認識他，但他的外表長得好看，就比較容易被信任。這是心理學中的「暈輪效應」（halo effect），又稱「光環效應」。意思是我們對於他人的認知是來自於第一印象，從而去推論對方的其他特質。也因此長得好看，或者說有「眼緣」的對象，我們看著對方會戴上「肯定」的濾鏡，先給他一百分；反過來說，長得不合乎我們的喜好或具有不喜歡的部分，我們就會戴上「否定」的濾鏡。只要對方有一個不好的行為，就拿出那句名言：「我早就知道他不是好人！」

這也是為什麼商業代言都要找帥哥美女。可能有生理上的原因，也可能是自卑，覺得上帝把他造得那麼好，一定有其特別的理由，比較憧憬好看的人。或是帥哥美女一定在道德上或各方面都很傑出，即使未必是事實。就像問路時，如果有一個帥哥和一個比較不帥的，你傾向於問哪一個？如果兩個人給的答案不一樣，你會比較相信誰？

二、**個性魅力：卡里斯馬（charisma）**

有的人特別具有領袖氣質，英文叫 charisma。有的人則是很好相處，也很樂於助人，有點像工具人，在某些情況下你會相信他，覺得他會替人服務，比如幫買飲料，也不會懷疑他會在飲料裡面吐口水。

三、血緣

這就是前面提到的「認識」，一個人最認識的就是有血緣關係的人們，而且普遍相信親人不會騙自己，因此血緣的詐騙反而更容易成立。有時是親人被別人騙，比如別人騙他投資什麼，他就拉你進來說我們只要湊足一百萬，獲利可以到五百萬之類的情況。

四、親友（介紹）

這跟第三點有點關聯。親人或同學朋友間往往是間接詐騙，先透過一個人，然後再去找其他人，像是撒網捕魚，比如傳銷或拉保險很多都用這種方法。我們常遇到這種情況，通常都是親友說誰誰剛去了新公司上班啊，麻煩你支持一下，保個什麼險，一年只要繳三千塊，總共五年之類的。這種事情我投保過，許多朋友也投保過，後來都不了了之。

五、家庭出身

這是一種對階級的崇拜，覺得上層階級出身的人，教育好，資源豐富，他什麼都有，不可能會騙你。之前有一部影集《創造安娜》（Inventing Anna），女主角安娜說自己是歐洲貴族出身，生活方式、言談舉止都表現出貴族出身的模樣，人家就信了。這是假冒身分的騙徒常見的手法之一。

安娜的手法之一就是刷卡不過時，一再要求店家再試，最後由朋友代刷自己的信用卡，之後她再也不提這件事。這樣她就省了一筆錢。而她的朋友因為相信她是富裕人家，不會真的沒錢，因此被騙。我也遇過類似的事，前一陣子有個朋友請我吃飯，我們談得非常好，最後他說他要買單，結果信用卡都刷不過。我說我在《創造安娜》看過這個劇情，那人尷尬一笑。當然，最後是我付錢。不過因為是好朋友，後來他找時間回請，還送了一些禮物。

六、教育背景

一般人都有當教授的或名校出身的不會說謊的印象。還有，坊間也有以國際名校的名字當作招牌的，比如哈佛診所、哈佛親子什麼的，哈佛也不是以這些領域出名，但它就是個象徵，畢竟「哈佛廣場」聽起來跟「水源廣場」就差很多。還有之前藝人被踢爆自稱哈佛畢業，結果其實是進修部之類的。臺大也有在職學分班，但一講出「臺大」，大家就會覺得：哇，好了不起！

七、職業歷程

這跟第六種也很接近，只是名頭換成國內幾十幾百強或是知名跨國大企業，甚至是矽谷、華爾街這種耳聞但一般人較難接觸到的特定職業地點，都是一種光環。

八、宗教信仰

詐騙在沒被揭穿以前，就是要贏得信任。職業、宗教都是贏得信任最好的方式，因為出於共同信念，比如他跟你是教友，你總覺得他怎麼會騙人呢？特別是相信同一個獎善罰惡的神的人，難道連神都敢騙？

九、政治立場

這是比如臥底去了解敵方陣營，像漢娜．鄂蘭寫的《平凡的邪惡：艾希曼耶路撒冷大審紀實》裡的艾希曼，他後來供稱自己當初是從納粹臥底加入猶太人團體，還認真讀了猶太人的書，讓他在猶太人之間可信度很高。同志出賣同志，好像也不是新鮮事，所以才會有「有這樣的同志，誰還需要敵人」的感嘆！

十、經濟狀況

我們通常覺得有錢人不會騙人，因為他已經那麼有錢了，幹嘛騙人？但那些大企業的詐騙案，比如美國的安隆案就是在會計上作假帳。世界上那麼多大公司，那麼多會計系統和監督，這種案例並不多，但也可見再嚴密的系統都會有漏洞。

十一、興趣：興趣相同或類似容易被信任

我們會有種概念：參加同一個社團的人，不會是壞人啦！或是有人在網路上說恐怖情人的判斷標準，第一個是虐待動物。那如果他跟你一起參加愛護動物的團體或在愛貓團體當志工，你就覺得他不是壞人啊！

反過來說，詐騙者也可以利用大家認為愛護小動物的人應該比較有愛心，來欺騙不知情的人。興趣相同容易產生信任，卻也有人濫用這種信任。

個人層面的信任因素也包括愛情。有人在愛情裡有更強烈的信賴，但如果對方心懷不軌，自然可能造成詐騙的機會，這是矛盾之處。比如

「出租愛情」算不算騙？情感公司賣你的是情感服務，可以出租男女朋友。但付出的情感程度是有限度的，而且讓你明白知道那是假的。你可以享受那三個小時付費的結果，在那之後就不能要求什麼。這種明知有界限，跟你對於真實愛情的那種無限期待，哪一個比較好呢？

制度信任的十種來源

現代社會跟傳統不同，彼此對交易或社交的對象都認識的可能性很低，因此人際間的信任往往以制度信任為基礎，要依賴制度來維持信任，而不是因為「你是誰」。制度信任則有以下十種來源：

一、學校

有的人用學歷來詐騙，自稱臺大醫師啊、臺大畢業的，就是希望用

「台大」的制度或名號來讓人產生制度信任。有人用「抄襲」論文來騙取學位，這也是個才發生過的新聞。

二、職（專）業團體

涉及職業專業的，必須有相關認證或會員等，像醫學診所裡要在明顯地方秀出醫師證書，有證照才能執業。

三、證照和證明文件

證照和證明文件都可以造假。但為什麼要造假？就是因為別人會相信啊。所以你了解了信任，就知道信任都是可以被玩弄的。

四、專業獲獎

比如哪間店的麵包師傅得過世界大獎，你就會覺得他做的麵包比較好，店裡生意也會好。獎項越有名氣，獲得的信任也越強。

五、政府組織：司法、警政

因為司法警政都是我們信任的，詐騙集團才會利用相關資訊來進行詐騙。

六、官方正式文件（身分證、結婚證書、護照、死亡證明書、良民證、畢業證書）

例如美國每一州對於喝酒的規定不一樣，很多大學生會跨州、用假學生證去買酒；或者有人會在畢業後，用過期的學生證買學生票，諸如此類。

七、商業信譽

比如名牌、老牌，還有「混淆品牌」。像賣食物的，有分家的、員工出來開的、親戚自己開的等等，會讓一般民眾無法區分真假。

八、商業機構

一般人覺得大企業、社會企業或所謂的良心企業不會做壞事，但想想黑心油事件就讓人跌破眼鏡。

九、網路世界

上一代不是活在網路時代，對網路比較陌生，因此對網路的信賴感很低。但對於網路原生世代的人來說，資訊跟生活都是透過網路而來，自然會對網路擁有較高信任。

十、國內或國外的制度

現在的網購有第三方支付會比較信任，不像以前做生意的人還使用「信用狀」當保證。

從信任開始，以失望終結？政治與謊言

世界各地自有政治以來就有謊言，無論任何政體。二〇一九年，巴克爾（Vian Bakir）、赫本（Eric Herring）、米勒（David Miller）和羅賓森（Piers Robinson）等人在梅博爾（Jörg Meibauer）編輯的《牛津說謊手冊》（Oxford Handbook of Lying）聯合發表了一篇〈政治中的謊言與欺騙〉章節，舉了許多近代歐美的著名例子，我們就在下面分別引用說明。

希特勒的「大謊言」

首先，希特勒在一九二五年出版的自傳《我的奮鬥》（Mein Kampf）中用了「大謊言」（big lie）一詞，批評德國猶太人把一戰的

失敗歸咎於德國將軍魯登道夫（Erich Ludendorff），他認為是一種大謊言。結果他自己上台後屠殺猶太人，寫下惡名昭彰的歷史。

希特勒認為，「大謊言」就是**只要謊言夠誇張**，**一定會有人相信**，**因為大家覺得這麼誇張的事不可能是假的**。這是個很奇怪的心理，我們通常會相信很常見的事情，但當謊言足夠誇張，反而也讓人信以為真，非常弔詭。

或者換成比較通俗的說法：「當謊言說了一千遍、一萬遍，就變真的。」這句話有兩個層次，一是「群體效應」，再怎麼荒唐的謊言，只要一直說一直說，大家便相信了；既然你也相信，那我也相信。

另一層次是所謂「信者恆信，不信者恆不信」。就像當時德國群眾對希特勒有著盲目崇拜，他講什麼，群眾都信。希特勒崛起的背景是一戰後德國戰敗，簽訂了凡爾賽條約，這件事對德國打擊很大，因此當希特勒出來提倡德國人的民族自尊，便受到群眾歡迎，覺得他拯救了德意志民族——民族主義在政治裡是非常有用的。

被包裝的東南亞戰爭

另一個知名的政治謊言是在一九七一年，美國的《五角大廈文件》（Pentagon Papers）（正式名稱是《國防部長辦公室對於越南專案小組的報告》（Report of the Office of the Secretary of Defense Vietnam Task Force）被發表，裡面詳載從一九四五到一九六七年間，美國國防部參與越南的軍事和政治行動，以及對於東南亞戰爭（越南、柬埔寨、寮國）的擴大。

這份文件證實了政府隱匿越戰的實情。基本上，越戰是一場美國政府打造的巨大騙局，美國當局起初也不覺得能打贏，卻把很多美國子弟送上戰場，最後又非常不光榮地撤退，因此這場戰爭成為美國近代歷史上的重大傷痕。後來很多文學、電影作品都以越戰為題材，漢娜・鄂蘭的《共和危機》也分析，當時美國白宮的總統顧問與所謂的公關人員，如何誇大、包裝了這場戰爭，讓美國陷入不義之戰。

尼克森與水門案

還有一九七〇年代，美國總統尼克森（Richard Nixon）的「水門案」。簡單地說，當時正是兩黨選舉，準備競選總統連任的尼克森派人潛入對手民主黨全國委員會所在的水門綜合大廈安裝竊聽器。潛入者被抓後，尼克森宣稱不知情，後來才被揭露他掩蓋了自己的行政團隊涉入此事。於是尼克森在電視上宣布辭職。他也是第一個在位辭職的美國總統，後來被繼任總統福特（Gerald Rudolph Ford, Jr.）特赦。

為何而戰的伊拉克戰爭

比較近一點的例子是二〇〇三年，英美政治領袖聲稱伊拉克擁有「大量毀滅型武器」（Weapon of Mass Destruction）而入侵伊拉克。當時，英美國家宣稱有衛星照片指出伊拉克藏有大量毀滅型武器，可其實伊拉克領袖海珊當時宣稱要做出毀滅型武器，只是宣稱、吹牛，是誇大其辭；歐美各國的情報也顯示，沒有證據指出伊拉克具有自己所宣稱的武器。但這些情報都被有意地忽略。

後來，以美國為首的聯合國軍隊出兵，把伊拉克打得一塌糊塗也沒找到這樣的武器。最荒謬的就是這場戰爭把伊拉克弄垮了，也沒把它的民主制度建立起來，戰爭就以英美撤軍當成「結束」。

這是一場可怕的政治謊言，人民因此被騙進戰爭，打了這場仗，最後是非常不光榮地結束，受到最大傷害的是無辜的伊拉克人民和參戰的美國軍人。戰爭到底是為了什麼？做到什麼？只有把海珊當成替罪羔羊處死而已。但美國政治人物並沒有受到什麼質疑或懲罰。所以從某方面來看，政治人物往往可以宣稱是為了國家利益因此逃過欺騙人民的懲罰。這是非常值得一般公民深思的政治謊言和詐騙。

政治謊言中的站隊

政治中充滿謊言與欺騙，而從柏拉圖時代以來對此也有兩種不同的立場。

一種是**衛護者**，認為政治中的謊言與欺騙是「必要的惡」，無可避免，甚至要積極為之，或要在適當情況下為之（事涉國家利益或公眾利益之時）。

這種政治現實主義的重要始祖，一般認為就是我們前面提過的十六世紀的馬基維利。他在《君主論》中展現「現實政治」（realpolitik）的建議。但仔細看文本，他的意思是不得已的時候才用這些手段，其實德性還是很基本很重要，只是大部分人會被馬基維利那種「為達目的不擇手段」的說法給吸引，而忘掉他的前提或條件。此外，政治思想史家，且是研究馬基維利的專家施特勞斯（Leo Strauss）也被認為是抱持這種立場。

另一種是**批評者**，認為應該採取道德理想主義，道德最重要，政治中的謊言和欺騙都是對不起人民，導致權力的濫用及錯誤的決策，應該避免，否則相關政治人物應該負起政治責任。例如美國政治學家米爾斯海默（John J. Mearsheimer）認為應該考慮公共利益，拉姆賽（Maureen Ramsay）主張只能事前公開辯論，獲得共識。

值得注意的是，著名的德國社會學家韋伯（Max Weber）在其著名的〈政治作為一種志業〉文中提到，政治人物應具備的三個條件（熱情、判斷力和責任感）中，並未提到「誠實」或「不說謊」。

政治也需要被說服？

一九二〇年代，世界的共產主義政權陸續成立後，西方國家開始提到「宣傳」（propaganda）一詞，也有所謂的「中央宣傳部」，因此宣傳顯然不是個很壞的字眼。不過，現在大部分的人都覺得「宣傳」聽起來是假東西，所以改叫「公關」（公共關係，public relations，簡稱PR），台灣商界也這樣用。

還有「政治行銷」（political marketing）。民主國家大多學美國的這一套，比如有政治公關公司，是在選戰中負責塑造正面的候選人形象之類。這些都是「政治說服」（political persuasion）的演變。

有的則稱為「策略傳播」（strategic communication）、「公共外交」（public diplomacy），或「計畫周詳的勸服傳播」（organized persuasive communication, OPC），意思是企圖以計畫周詳的活動來影響人民的政治信念、態度和行為。有時是有共識且為真的，有時是為了控制人民的行為和思想，或是說服人民接受。

OPC的進行會產生「自欺」的效果，讓參與其中的人深深相信自己的宣傳內容，而且參與其中的人一旦增加，會讓更多的人不自覺深陷這些謊言和欺騙之中。邪教也是其中一種，領袖知道自己什麼時候是在騙你，所以不會讓太多人接觸他，不讓人看見他在其他時候的樣子。

OPC最常見的就是使用人民的名義：「都是為了老百姓好。」這跟從小到大，在家裡爸媽說為你好，在學校裡老師說為你好，在職場上老闆說為你好啊，放到政治上也很一貫。政治人物就是用這種光明正大的目標來合理化自己的行為。

至於政治說服則分為兩種類型：

一、**共識型（consensual form）**：包括理性的說服或訴諸情感，以自由且知情的方式來說服。台灣選舉時常會請出神明抬轎，或叫家人上台哭，表現家人很可憐啊賣慘的，好像是誰欠他了，所以要把他送進國會才能恢復正義。以前台灣賣慘的好像都可以選上，但現在大家慢慢了解要尋求理性的說服，需要候選人說明清楚自己選上可以做什麼。

二、**非共識型（non-consensual form）**：指的是以欺騙、利誘或脅迫等不同的誤導方式來說服，比如對手用假新聞攻擊、抹黑，舉一些很難查證的事情或扭曲等等。

漢娜．鄂蘭研究《五角大廈文件》時，就表明美國政府的「解決問題者」（problem-solvers）和公關人員欺騙了大眾，讓原本真確的越戰情報轉變（黑化）成政策決策官員的欺瞞和信念，好讓一般民眾加入戰爭。

《牛津說謊手冊》也轉述，早在一九八八年，赫曼（Edward S. Herman）和喬姆斯基（Noam Chomsky）在《製造共識：大眾媒體政治經濟學》（Manufacturing Consent: The Political Economy of the Mass Media）一書中提出了「宣傳模型」（propaganda model），表示美國媒體都是依賴政治和商業菁英「欺騙式的計畫周詳的勸服傳播」來主導輿論風向。

很少有人會質疑這些菁英的動機及制度的合法性，而官方敵人的動機和合法性卻經常受到質疑。例如美國在越南的軍事行動，被解釋成是為了衛護民主制度所採取的「防衛性干預」（defensive intervention），而蘇聯對於阿富汗的軍事行動則被描述為是一場「攻擊性的侵略」。

當時還不是網路時代，若非政治領袖、商業菁英，你的意見根本不可能被報導；但現在不一樣了，只要一個人敢講或意見夠誇張，都能被看到，因此某種程度的網路民主下，每個人發言權是差不多的，網紅可以嗆那些菁英，自己也會被嗆。現今「網軍」的操作模式，也已經不是以前的宣傳模型，加上有時用烏賊戰法讓人看不清真相，或「一犬吠形，百犬吠聲」，也是謊話說一千遍就變成真的。這樣更容易讓一般人分不清楚真假虛實，也因此更容易被政治操弄。

政治謊言的類型

政治的欺騙常常是用於認為「不欺騙就不能說服人民」的情境，會有以下五種類型，不過，很多政治騙局是混合了多種手法。

一、**避而不談（omission）或半個真相（half-truth）**。只講對自身有利的，不利的就不說。或是常見的「不予置評」（no comment），這是沒有講，也沒澄清別人質疑的事。

二、**扭曲（distortion）或強詞奪理（spin）**。我想這裡面有語言的缺陷，因語言不夠精確，所以有很多「操作空間」，可以被用於不同解釋。語言也有所謂的「話術」（double speak），就是用一些語言技巧把謊言掩蓋過去。

三、**誇大（exaggeration）**。比如把一件對對方不利的小事，誇大成很大的事。

四、誤導（misdirection）。轉移焦點，比如被抓到沒戴安全帽，就指著別人說他也沒有啊，自己不認錯，還把別人一起拖下去，擴大戰場。

五、假資訊（misinformation）。造假（forgery）或事先設計安排的事件（staged event）。有時假資訊是監視器影片，或者強調有圖有真相，但現在可以P圖，甚至有AI繪圖以及以假亂真的deep fake，未來的真假可能越來越難判斷了。

謊言中的媒體角色

在政治這場巨大騙局中，出於宣傳，一定需要媒體的存在。然而媒體是如何參與、角色又是什麼？

以台灣而言，黨政軍退出媒體後，變成資本的力量進入。資本又與政治掛鉤，基本上，媒體就變成某些政黨的代言人，也可藉此從政黨得到補助或標案等等的好處，這就是政商結合，資本主義的偉大力量。資本、媒體、政治是一個三角結構。

媒體只要宣揚政府的政策，可以從政府得到很多補助；在不傷害當今政權的情況下，可以有公正報導，但若是牽涉到政黨利益的，就不會有公正，這大概是全世界民主社會的媒體都會出現的問題。因此全世界的國家無論是哪個政黨上臺，第一件事就是掌握媒體，把不配合的媒體搞掉，忘掉「言論自由多元」在民主時代的首要性。這已經不是新鮮事了吧！

我們觀察外國媒體也會發現，他們對國內政治的報導常有政黨影響，對國際政治的報導，則受到國家政策的影響，有國家利益的侷限，談論跟自己國家不友善的國家時也有立場。如今要找到所謂公正的媒體，大概是緣木求魚。

另外前面也提到，政治欺騙所用的「話術」，就是用一些話語把嚴重的事情講得雲淡風輕。《牛津說謊手冊》舉例，美國經過九一一事件之後，對國家安全極度重視，逮捕基地組織的嫌疑犯是不經審判便送到美國境外、古巴的「關塔那摩灣」囚犯營，由中央情報局（ＣＩＡ）管理，結果是虐待戰俘。後來有戰俘被釋後披露這件事，但中情局否認，只說他們採取「強化審訊技巧」（enhanced interrogation technique, ＥＩＴ），包括：強迫受審者裸體受審（forced nudity）、擺出痛苦不堪的姿勢（painful stress positions）、睡眠剝奪（sleep deprivation）和坐水凳（waterboarding），並辯解說這些和傳統的「酷刑」是有差別的，目標是為了救命的重要情報。

國際政治謊言的三種形式

根據米爾斯海默的研究，國際政治有三種欺騙形式：**說謊**

（lying）、**編造**（spinning）與**隱匿**（concealment）。在分析之前，他首先界定了兩個前提：說實話與欺騙。

「說實話」是一個人盡可能地陳述事實，並以直接與誠實的方式訴說事情，重點在於說實話的人努力克服自己任何可能的偏見或自私利益，並盡可能公正地回報相關的事實。

「欺騙」則是一個人故意採取一些步驟，企圖阻止其他人知道關於某件特定事情的全部真相——就那個人所了解的真相而言。換言之，其企圖並非提供對事件的直接或全面性描述。

一、**說謊**

說謊就是一個人發表自己明知是假，或懷疑可能是假的聲明，但希望其他人會認為那是真的；或者否認自己知道是真的事實。說謊是一種用意在於欺騙目標對象的積極行動。

但是，說謊不僅關於特定事實的真實性，也可能包括不誠實地排列事實，以便訴說虛構的事情。明確地說，一個人說謊，就是當他知道某事不是真的時，卻使用事實——甚至是真正的事實——來暗示那件事是真的。在這種情況下，說謊者故意將聽者導向不實的結論，但說謊者自己不會明確地說出那個結論。

二、**編造**

編造就是當一個人在訴說事情時，強調某些事實，並將這些事實以對自己有利的方式連結起來，同時卻低調處理或者忽略不利的事實。例如賣東西給你的人，只強調這東西的好處而不說壞處，或是給藥時不說副作用，讓你以為這個藥是萬靈丹。

三、**隱匿**

隱匿比較沒有道德上的問題，沒有主動騙人，只是隱藏資訊沒有提供，例如政治人物隱匿自己的財產。這還可以衍生出一個思考：該資訊是否屬於個人隱私？我也聽過有些美國公司徵人時要求應徵者提供臉書帳號，如果你沒有，可能是個可疑的人，因為一個人怎麼連「數位足跡」都沒有。

國際政治謊言的兩種類別

接下來，從國家對自己人民的欺騙，我們要來談談國際政治間的欺騙。

國際政治的謊言有兩種，分別是**「策略性謊言」**（strategic lie）和**「自私的謊言」**（selfish lie）。

如果領導人是為了國家利益，為助國家在混亂的國際關係中生存而說謊，就是策略性謊言。為了保護個人的利益或友人的利益，則是自私的謊言。米爾斯海默舉的例子是美國在甘迺迪總統時代的古巴飛彈危機。本來我一直相信古巴飛彈危機是由於甘迺迪意志堅定，迫使蘇聯從古巴撤出飛彈，結果一九八〇年時，蘇聯有個外交官退休後出書，實情是當時的美國和蘇聯交換條件，蘇聯把飛彈撤出古巴，美國也把部署在土耳其的丘比特飛彈撤掉，雙方達成協定，危機才解除。

米爾斯海默說他個人贊成這個謊言，因為當時為了國家利益而避免兩強之間的戰爭衝突，雖然欺騙了美國百姓，但目的不只是為了鞏固政權，也為了世界和平，所以是一種策略性謊言。不過，很多人反對他的說法，認為民主國家的群眾有知的權利，尤其涉及民眾生命財產的議題，因此這種謊言是不對的。也有人認為甘迺迪就是為了塑造個人英雄形象、堅毅人格特質，所以也是一種OPC（計畫周詳的勸服傳播）。

不過，關於國際之間的詐騙研究非常少，因為不管共產主義或是資本主義國家，基本上國際之間還是強調誠信原則，而不是大部分民眾認為的，國際之間都是爾虞我詐。

越民主，越不會有謊言？

在參考資料中，我發現美國談論政治謊言的書籍比較多，討論其他國家政治謊言的相對就比較少。可見不論民主或極權帝制，古今中外從有政治以來，就有政治詐騙，或者說人民對政治人物的信賴都很低。甚至民主政體的政治謊言更多，因為要討好選民，很怕選民知道他不好的地方，專制政權反而不需太多謊言，都是他說了算。

所以，會不會政治詐騙跟政體沒有什麼關係，就算民主國家有選舉，候選人在講政見的時候，你都不知道算不算詐騙。投資詐騙是對方一開始說你可以賺大錢，政治也是這樣，跟你說選我出來，我就可以幫你做什麼什麼事情，給你一個未來；如果未來沒有成，那才是詐騙。詐騙在政治上其實沒有什麼特殊性，就連詐騙形式也一樣。

因此，我們從一開始就應該注意：**詐騙是一個時間上的過程**。在第一個時間點，那不是詐騙，因為在某個階段的詐騙跟真實沒有太大差別的啊，要防止詐騙或區分說謊與否才會那麼困難。

當我們從動機、過程和結果來判斷是否是詐騙時，會發現政治詐騙取得的結果往往很抽象、虛幻；可能是為了理念，可能是為了將來可以分一杯羹，更可能是以「勝者為王、敗者為寇」的角度決定。

然而為了理念的人，有時候是最可怕的。為了利益的人，一旦出現其他的更高利益，他就往那裡去了。出於理念，政治上的執著性反而最強，所以意識形態往往最無解。很多人要強化意識形態、強化我們跟他們的差別，就說我們是好人、他們是壞人，「不是朋友就是敵人」。這也是回到之前講的：「認同他，他就是真理；不認同他，他就是詐騙。」製造對立是最古老的方法，但直到今天，依然也是最有效的方法，可是這真不是對人民福利有利的事。

我常覺得政治人物是騙選票多過於承諾，但大家也都有各自的政黨傾向，我當然也有，但難道我們就不討論政治詐騙了嗎？不是的，而是更應該要盡量超越政黨派別的支持和反對。觀察周邊的政治狀況時，要特別小心自己既定的意識形態，有沒有影響到對事件的判斷，不然唸的書都是白唸了啊，再怎麼聰明也沒用的。

ch. 6

好好愛，從來不簡單

愛情與謊言的難題

「人們在親密關係中感覺最正向的結果就是因為自己不欺騙對方，也相信對方沒有欺騙自己。」

——柯爾（Tim Cole）

我以前在臺大開過「愛情社會學」這門課，後來也延伸出「愛情歷史社會學」和「愛情與社會理論」兩門課，構成我的「愛情三部曲」，但在課程中從來沒有討論過「詐騙與愛情」這個主題。這一章，我們要來討論愛情中的謊言與欺騙。大家可以看看，我們每個人在戀愛時如何「隱惡揚善」，有意無意地撒某種程度的謊。

有人認為，分手之後回想分手之前的事都是詐騙，因為：「如果當初他愛我，幹嘛要跟我分手？」尤其現代人已經習慣以交友軟體作為工具，認識新朋友、開拓社交圈，陌生人從網路開始建立交集，更有「隱惡揚善」的空間與時間。那麼，在不確定性更高的環境下，愛情會以怎樣的方式誕生？又會如何變化？

一場精心規劃的策略遊戲：擇偶研究

生物學教授基南（Julian Paul Keenan）、心理學家小蓋洛普（Gordon G. Gallup Jr.）、古列（Nicole Goulet）及庫爾卡尼（Mrinmoyi Kulkarni）在一九九七年發表研究成果，認為性別差異會影響人類的擇偶策略（mating strategy）。他們找了四十八位女性和十八位男性做調查，年齡介於十八到三十四歲之間，都是紐約州立大學奧爾巴尼分校的大學生。

這個研究的前提（假定）是根據演化心理學的研究結論，人類擇偶會因為性別不同而採取不同的策略和反策略。男性希望跟更多的女性交配，以繁殖更多後代，所以會被女性的外表和生育能力所吸引。而女性的年齡、體重、體適能是男性判斷女性生育能力的線索。

這緣於男女在生殖上的差別。男性的精子製造速度較快，而且沒有長達九個月的懷孕期，於是有些男性是想「創紀錄」，在婚前盡可能跟越多女性發生性關係。就像黃春明的小說〈莎喲娜啦．再見〉描述一個日本來台灣的買春團，叫「千人斬俱樂部」，裡面的人會收集跟自己發生過性行為的女子的毛髮，並記錄自己跟多少女人發生過性關係。

男性易受女性外表吸引，因此會注意女性的三圍，或是傳統認為胸部越大，哺乳能力越強；臀圍越大，生小孩越容易。當然這都是直觀的傳統觀念，不一定是正確的科學知識。這種想法往往是演化心理學被女性主義者討厭的重要原因，因為它看起來充滿了男性的偏見。

而女性能生育的子女數目有限，因此要找最能夠保護母子、提供安全的男性，也會注重能提供最大生活資源的男性。再者生育成本很高，對於偵測男性的欺騙也就特別敏感。但這都是傳統觀念，什麼找老公就是要找「鐵飯碗」啦，女性萬一受騙，會受很大影響等等。

研究方式則是推測異性在約會時採取什麼策略來呈現自己，由此設計二十八個問題，並分成三大類：**承諾**（commitment）、**財務**（financial）和**身體**（physical）。

關於承諾欺騙

在承諾相關的問題上，會假設以下四個方向：

一、在約會時，異性應該表現出讓對方相信他們對生養小孩是比實際情形更有興趣的。

二、異性應該表現出比實際情況還要多的對對方的承諾。

三、在約會時，異性應該表現出比實際情況還有意於長期情感關係。

四、異性會比實際情形還要誇大他們當父母親的興趣，以便讓對方印象深刻。

很多有錢有權的家族，對於培養下一代的生育能力是非常強調的。簡單說就是「嫁入豪門，要替人家生男孩」的觀念。也很多人對某些職業的女性特別有好感，比如幼兒園老師、小學老師、護理師等。在我這一代的人呢，以前都被教育：「將來結婚最好找老師，以後小孩唸書，可以唸到比較好的班；或找護士，比較有愛心，而且家人生病時可以找到比較好的醫生，住比較好的病房。」好像把你的未來人生都算好了。

還有在感情上，要表現出是個忠貞不二的人，要說我這個人就是喜歡小孩，展現未來可能是好爸爸、好媽媽的形象。不過，如果現在你約會時跟對方說，希望將來有兩個小孩，我不知道你能不能找到對象啊。現代人不婚、晚婚的比例高，甚至不希望有小孩，因為有小孩對女性的身體、兩人未來生活的安排都有很大影響。

關於財務欺騙

在財務相關的問題上，則是假設以下五個方向：

一、在初次約會時，異性應該在穿著上看起來比實際要有錢。

二、在約會時，異性應該誇大自己對於職業生涯的目標，以令對方印象深刻。

三、一個人應該在約會時花費比自己真正能夠負擔更多的錢財。

四、一個人應該在和異性約會時誇大自己的工作職稱。

五、一個人在約會時應該使用信用卡來讓對方印象深刻。

財務很重要，因此才會有欺騙行為出現。但也有少數人是反向的，其實很有錢但穿得很隨便，希望對方看到的不是自己的有錢。至於誇大工作職稱，現在反正很多職稱聽起來都不得了，就像以前學生組織的幹部叫組長，現在叫部長，聽起來跟政治人物一樣大。我第一次聽到學生說是什麼學術部長的時候，都覺得我是不是該下跪，官那麼大呀！

至於信用卡則是個「時代問題」，現在用行動支付，一支手機就可以了。

關於身體狀況欺騙

身體狀況相關的問題，則是假設以下六個方向：

一、一個人應該穿著靴子或高跟鞋讓自己比實際看起來瘦或高。

二、如果一個人臉上有缺陷，約會前應該加以遮蓋。

三、一個人在約會時應該穿著比平常更可以展現好身材的衣著。

四、一個人在約會時應該改變平時的肢體動作（走路、坐姿和站姿）。

五、一個人應該穿著特殊服裝來掩飾自己的體重（寬鬆裝、黑色服裝和條紋服裝）。

六、穿著泳裝時，如果是在對方面前就應該「縮小腹」。

這個研究發現，女性因為有生育考慮，通常會將欺騙者歸因於外顯的性動機（apparent sexual motivation）。而男性則不太在意對方是否具有性動機，很少將欺騙歸因於此。

另外，圖基（William Tooke）和卡米爾（Lori Camire）在一九九一年的研究發現，男人會在承諾和財務方面說謊，女性會在身體方面說謊。顯然人類常常利用欺騙來獲取對於異性的吸引力，這情況從古到今都有，也可以理解為「騙到手再說」。有時，有些夫妻在回想當初結婚時就說是「被對方騙了」，似乎也某種程度承認了「欺騙」的存在。

男女演化策略大不同

此外，二〇〇五年，心理學家哈塞頓（Martie G. Haselton）、巴斯（David M. Buss）、烏巴德（Viktor Oubaid）及安格萊特納（Alois Angleitner）等人有個關於「策略干預理論」（Strategic Interference

Theory）的研究。

「策略干預理論」原是由巴斯在一九八九年提出的演化心理學研究。理論提到男女雙方面臨的是不同的適應問題，女性要懷孕，必須要靠一個男人一起從事性行為才能生小孩。這種差異導致了性別間不同的性策略（divergent sexual strategy）的演化。

另外，女性在演化過程中就開始冀望於男性擁有的地位和資源，而全球的男性很少對同樣的特質有冀望。這個觀念就是「男才女貌」，其實應該是「男財女貌」，連續劇最愛演這類「霸道總裁和女祕書」。「霸道女總裁和小白臉」的故事就相對比較少，所以這是有點男女不平等，所謂女強人在婚姻市場上被塑造成不利的印象。不過，這種情況最近在各國影視作品中似乎有翻轉的趨勢。

還有，女性尋求對其子女有長期的親輩投資（paternal investment），這件事情也變得十分重要。在答應有性行為之前，女性會有較長的求愛時間，不僅會注意到男性的地位和資源，同時也會尋找願意長時間承諾提供這些資源的男性，例如嫁入豪門。

有的人一旦有了小孩，只要伴侶能長時間提供經濟保障，其他的事就不太在乎了，只要不要剝奪小孩的利益就好。很多女性一旦當了媽媽，更在乎自己小孩的未來，而忽略和丈夫的相處。

然而要注意的是，這是以前的研究。現代女性可以選擇走上傳統的道路，也可選擇不結婚生子或同居不生子，女性自己有地位有資源，幹嘛還要去尋求男性的？即使要有小孩也不一定得靠男性，有些人就去找同志朋友或精子銀行提供精子，連性行為這一關都省了，選擇的樣態就更多了。

不過，當一個人的目標、欲望或策略受到阻礙時，便會引起憤怒和主觀的痛苦。比如跟別人告白被拒絕，或者在一起後被分手，都是非常痛苦的事。但是這些情緒不是沒意義的，它提供了四項功能：

一、將注意焦點放在干擾的事件上。

二、將這些事件標記在記憶中。

三、採取行動以降低或消除策略干擾的來源。

四、引發記憶恢復（memorial retrieval），避免後續產生類似的干擾。

根據理論，生氣和惱怒這些「負面」情緒在演化過程中是特別揀選出來，作為解決策略干預的問題。也就是說生氣、惱怒這些情緒感受，都有它演化上的意義，比如害怕會讓你保命，因為害怕會讓你不敢做某些事，而不是單純的苦痛煩惱而已。

哈塞頓等人則根據「策略干預理論」研究了兩百三十九位男性（平均年齡是十八點七十八歲）及兩百四十位女性（平均年齡是十八點四歲），發現男女兩性在和異性互動時面對著不同的擇偶適應問題，在不同的領域有不同的擇偶欲望，而且追求不同的擇偶策略，這就是擇偶欺騙的始因。

男女兩性也會因為欲望的不同而經歷、延續不同的欺騙領域，比如女性對資源欺騙特別敏感。而從歷史來看，常見男性對女性的承諾欺騙，這往往是適應（adaptation）的一大問題。至於性欺騙（sexual deception），女性有欺騙男性要有性行為的意願，而男性的情緒困擾是為了應付這樣的策略干預所演化而來的。

不過，這份研究結果也有一些需要注意之處。一是並沒有發現性和嫉妒的關聯，這和許多研究結果不同。二是也沒發現年紀和欺騙之間的關係，這可能和研究對象的年齡有關，許多男性在乎的是年齡線索而非真實年齡的資訊。還有，被欺騙的經驗和被欺騙後的情緒反應也比預期的還要複雜。

為什麼他不跟我說真話？親密關係中的溝通策略

在情感關係中，還有一種情境也很容易出現「你是不是在騙（糊弄）我」的疑問，就是覺得對方都不跟自己說真話。

早在一九八九年，人際傳播學者梅茨（Sandra Metts）就研究過四種親密關係（朋友、約會伴侶、訂婚伴侶）和已婚伴侶的欺騙溝通（deceptive communication），比如親密關係中特有的欺騙溝通的模式和理由、這些理由和情感關係類型有什麼關聯、情感品質與模式、理由之間有何關聯等等。

梅茨研究的對象是三百名修習經濟學和傳播學的大學生，以及九十位重新唸大學的老學生。其中有一百六十位男性（百分之四十五），一百九十六位女性（百分之五十五），一人沒填寫性別，平均年齡是二十四點三歲（年齡範圍是十七至五十八歲）。

值得一提的是，我們通常談論的親密關係只有男女朋友，但這個研究設計得比較好，分為朋友、約會伴侶、訂婚伴侶及已婚伴侶。

四種主要說謊類型

首先，這份研究定義的「欺騙」，是故意提供錯誤的資訊讓對方信以為真，但是自己並不相信的資訊。這也是常見的解釋。作者再定義了四種主要的說謊類型（lie type），包括：

一、**造假**（falsification）。肯定和真實訊息相矛盾的訊息，或是公然否定真實訊息的有效性。例如：「她問我去哪裡了，我說去唸書，而沒告訴她其實我是去和朋友鬼混。」

二、**歪曲**（distortion）。透過誇大或是降低或是模稜兩可的訊息，讓對方無法知道真相，並因此錯誤地解讀現有的訊息。例如：

「我從芝加哥回來之後就和我的室友說了許多這位女孩的事情，連沒發生過的事情我都說了。」

三、**省略**（omission）。沒有提供相關的資訊。例如：「我就是沒辦法告訴她說我娶她是因為同情她。」

四、逃避（escape）。原來是被當成無法歸類的項目，例如：「我做了一些我的女朋友會很困擾的事情，但是我畢竟還是把話說了，也沒造成她的困擾。」換成現代的版本就是：「我跟我乾女兒牽手，但是我太太不知道。她應該會很生氣。」

所以，為什麼要說謊？

作者認為，欺騙的理由可以歸納為四大類：**替別人留情面（以伴侶為中心）、保護自己（以說謊者為中心）、保護關係（以關係為中**

心），以及**在互動過程中達成自己的目標（以議題為中心）**。

一、**以伴侶為中心（partner-focused）**：從說謊者的觀點來看，伴侶的態度或行為激發了欺騙，包括以下六種情況——

避免傷害伴侶：「我知道如果我告訴他的話，他一定會很受傷。」

關心伴侶的身心現狀：「我覺得當時她無法接受真相，因為她當時太累了，壓力也太大了。」這是標準的「利他說詞」，讓自己的行為顯得比較高尚。

希望保護伴侶的顏面、形象和自尊：「她一直想要討好我，並且讓我鼓勵她別小看她自己。」

希望保護伴侶和第三者的關係：「我和她的好朋友有親密的交往，但我知道一旦她得知，就會斷絕她們的友誼。」

不確定伴侶對待說謊者的態度和情感：「我不知道他對我的看法，

我不想嚇走他。」或「我不知道他會怎麼看待這件事，當成笑話或什麼的，我沒有把握。」所以很多人犯錯，是知道對方不會原諒自己，乾脆撒謊。但本來做錯事就不該被原諒，還加上撒謊，就是有兩件事。而且騙得過一時，騙得過一世嗎？所以撒謊是最不划算的事。

伴侶早已說明不想知道或是有過前例：「我不想知道你在外面搞什麼。」這是寬大嗎？其實是對你最大的失望，因為你可能是前科累累。

限縮伴侶的自我形象，如果對方認為自己形象好過說謊者的評斷：「他認為他是個很好的四分衛，而我告訴他這不是實情。」

二、**以說謊者為中心（teller-focused）**，包括以下情況——

保護或是提升伴侶對於說謊者的形象的考量，或者違反伴侶對於說謊者的角色期待：「她認為我不是會做那種事的女孩。」

保護說謊者的資源，以及讓伴侶能繼續提供酬賞或勞務：「我知道如果我跟他說我有錢，他拿走就要不回來了。」或「我知道他的車比我的好，但是如果他知道誰將車子弄凹了之後，就不會再把他的車借給我。」

怕被伴侶討厭或是濫用：「從過去的經驗我知道，如果他發現真相的話，我和小孩的日子就不好過了。」

說謊者對於真相沒有把握，所以也不知道要如何表達：「我連自己怎麼想都不知道，怎麼能叫她理解我。」這也是說謊常見的理由，說自己也不知道為什麼做這件事。像以前有個名人，說他「咻一下就進到汽車旅館去了」。我覺得這種謊言你說得出口，到底要騙誰？但顯然講這種話的人，認為有人會相信。

三、**以關係為中心（relation-focused）**的理由，包括以下情況——

避免衝突和不愉快的場面：「我怕引起一場打鬧。」

避免關係創傷和潛在的分手：「我認為她應該跟我分手就好了。」

四、以議題為中心（issue-focused）的理由，包括以下情況——

這是個太小的問題：「我沒告訴她我外遇的事情，因為只是一夜情，不是什麼外遇。」

這是個太私人的問題：「這是我的錯，但是和她有什麼關係呢？」

研究結果發現，已婚者在謊言類型方面，有高比例選擇使用「省略」（omission），低比例使用「公然造假」（explicit falsification）。因為兩個人生活在一起久了，什麼時候講謊話、講什麼話代表什麼意思，彼此都心照不宣，所以幹嘛造假呢？在理由方面，則有高比例選擇避免傷害到對方的顏面或自尊。

約會者在理由方面，有高比例選擇「保護自己的資源」

（resource），以免被對方濫用（abuse），或有壓力（stress）；也有高比例選擇避免情感關係的創傷或中止。

比如有人會說：「我喜歡你，我也喜歡他，這兩種是不同的喜歡，我希望兩個都不要離開我。」這是為什麼有的三角關係可以維持非常久，因為三角關係是非常穩定。比起社會學裡講的「兩元關係」，只要一個人不滿意，一個人走了，這關係就不存在；三角關係就是三元關係、三元體，一個人走了，還有一個兩元體，非常微妙啊！

義務還是自主？誠實與說謊的界線

二〇一四年，羅根沙克（Katlyn Elise Roggensack）和席拉斯（Alan Sillars）也研究了浪漫關係中的誠實與說謊行為。這個研究值得了解的是，主題聚焦於關係中的義務規則及自主規則的認可、對坦誠與欺騙的理解等等，也就是我們在進入一段關係後非常在意的共識啦、祕密啦、隱私界線啦等等主題，什麼應該交代（義務規則），什麼是不需要或不想交代（自主規則），什麼是該自己做到（自主規則）或該被規定的（義務規則）……這些都是在經營關係時產生困擾或衝突的部分，也是對坦誠與說謊的拉扯。

研究對象找來了七十三對異性戀伴侶，兩對同性戀伴侶。這些伴侶平均在一起的時間是四十七點七個月，其中百分之六十九是專情約會，百分之三偶爾約會，百分之六的訂婚了，百分之二十三的已婚。女性年齡介於十八至五十四歲之間，男性則界於十八至五十八歲。主要都是白人。

義務規則（obligatory rule）和自主規則（discretionary rule）清單如左圖：

圖6－1　義務規則和自主規則

（資料來源：Katlyn Elise Roggensack and Alan Sillars）

義務規則	自主規則
我們之間不允許白色謊言。	我的伴侶要和我分享什麼由他／她決定，我都沒問題。
	有時候分享事情會產生衝突，就不要分享會比較好。
我們應該分享關係史上所有的事。	並不是什麼時間都適合分享真心的情感。
我們應該不用謊言就能討論我們關係的未來	祕密不是問題，除非直接影響到我（過去的健康問題或是關係的未來）
分享彼此的性歷史是重要的。	祕密不是問題，如果揭露了會傷害到自己或伴侶，但是如果可以強化情感關係就應該加以揭露。
	省略細節不是問題，假如要避免傷害我伴侶的情感或是讓他／她不高興。
我的伴侶假如和異性相處一段時間就應該告訴我。	我的伴侶沒有義務要告訴我所有的事情。

義務規則	自主規則
我的伴侶如果碰到問題就應該告訴我，我碰到問題也應該告訴對方。	我的伴侶和我不需要彼此揭露所有事情，除非真有必要才需如此。
我的伴侶應該讓我參與他的每天活動，讓我知道一天大部分時間的行蹤。	我的伴侶和我可以彼此保有祕密。
我的伴侶應該誠實地告訴我如果我有問題就應該和誰聯絡。	我的伴侶和我能夠彼此全天接觸，但這並不是必須如此不可。
我的伴侶和我如果有忌妒的感覺就應該說出來。	只要不會傷害到情感關係，有祕密也沒關係。
我的伴侶和我都應該說清楚自己的財務狀況。	彼此不揭露過去的情史並不是問題。
	我的伴侶和我保持某種獨立性，這是很重要的。
我的伴侶和我應該彼此相互揭露所有的事情，不應該有祕密。	只要不要分享會引起衝突的事情都不算是大事。
當我們外出時，我的伴侶和我應該說明所有細節。	彼此有祕密不是問題，除非我們直接詢問對方一個特殊的主題，這應該是要揭露的資訊。

義務規則	自主規則
我的伴侶和我應該誠實說出自己需要獨處的時間。	假如不會直接影響到情感關係，我不需要和我的伴侶分享。
我的伴侶和我應該誠實說出自己對情感關係本身的感覺。	我不需要分享我伴侶的性史。
我的伴侶和我應該表達最真實的感情，不管是好是壞。	我不需要知道我伴侶每天所做的一切事情。
我的伴侶和我應該專情。	我伴侶家中的事情是她的私事。
	歪曲一些小細節不是問題。
我認為我應該隨時知道我的伴侶身在何處。	歪曲一些不重要的小事不是問題。
我應該知道我伴侶透過新媒體和誰聯絡（簡訊、社交網路、電子郵件）。	彼此完全誠實並不是永遠都是必需的。
健康議題應該分享，不管情況如何。	
藥物或酒精使用應該分享。	
彼此必須很直接。	
我的伴侶不允許在我的同意之下檢查我的私人物品，比如我的簡訊或是我的電腦。	

而研究結果顯示，認可義務規則的人往往也認同自主規則，可見對於坦誠或欺騙的認可是很弔詭的。似乎大家對是否欺騙沒有共識，但是都認為欺騙是一種關係的越界。另外，認同義務規則和低度衝突也有關聯，雖然伴侶認同義務規則比較多，可是在缺乏共識之下，義務規則也多半成為衝突的來源。

至於規則的認定也和性別刻板印象有關，比如女性比男性更認定義務規則，而男性比較認可自主規則，雙方也會使用性別刻板印象來預測伴侶對於規則的認可。在大部分時間中，性別刻板印象的預測是對的，只是有些女性過度認為男性都認可自主規則，實際情況卻未必如此。

我們真的能夠分辨愛情的謊言嗎？

學者柯爾（Tim Cole）在二〇〇一年做了一份研究，主題是浪漫關係中欺騙程度的差異和可能的解釋，以及欺騙如何影響到親密關係的運作。他提到，擁有浪漫親密關係的伴侶生活中有謊言，也會有沒說的資訊或是刻意避免的話題。過去對於浪漫關係欺騙的研究，都著眼在謊言偵測，柯爾的研究則指出謊言很難偵測，浪漫情侶之間的大部分時候，都是假定對方言行是誠實的。

他的研究發現，人們在親密關係中感覺最正向的結果，就是因為自己不欺騙對方，也相信對方不欺騙自己。用欺騙的手段會讓自己有負面的結果，對對方也不一定會產生正面的效果。而且除非欺騙被抓包，人們通常只會部分察覺到對方欺騙，也通常假定伴侶比自己誠實。

研究也表示相信伴侶欺騙對關係雙方都是負面的結果，所以學者認為懷疑對方說謊會讓親密關係不能持久。我們可以想像得到，懷疑導致人說謊，因此讓彼此的親密關係走下坡，更強化了懷疑和產生更多欺騙。這和社會運作一樣，整個社會必須有互惠原則才會成立，爾虞我詐絕對無法運行。

也因此，疑心病太強的關係絕對不會持久，有時被伴侶強加說你做了什麼，真的會冤枉到不知道該講什麼，除非是犯錯就認錯。曾有同學說：「老師，我男友跟我交往以後，走在路上還會看別人。」我說：「你男朋友沒瞎眼，當然會看別人啦，不然呢？但他看完別人就跟著別人跑了嗎？他看別人，不是還跟你在一起嗎？唉，有眼睛不看別人，是要怎樣？還是跟你交往後乾脆戳瞎自己眼睛？」

還有，研究也發現欺騙似乎常被當成是應付關係惡化的工具。有些欺騙或許有些正向的功能，但是普遍而言，使用欺騙會造成親密關係更大的困擾——就是這個欺騙，騙到什麼地步會讓人高興，什麼地步會讓人起疑。

比如你誇獎伴侶的外貌、打扮、穿著，對方買了一件新衣服，你不能視若無睹，要說穿這件真好看。很多女生會注意到對方的打扮，所以女生跟女生的招呼常讓我大惑不解，因為女生會說：「你穿新鞋了！」連新鞋都注意到了。眼睛真沒閒著！

另外有件事是我年輕時候學到的，給大家參考一下——不要對異性的外表有任何評論，可以保你一生平平安安，我之所以能活到今天就是這樣。以前不知道有多少學生問我：「老師你覺得我穿這樣好看嗎？」我總是回答：「你高興就好。」「老師你覺得不好看嗎？」「老師你為什麼都不評論一下？」我說我不想惹麻煩，我們是師生關係，不需要討論這個問題。學生的長相、穿著不關老師的事嘛！

醒醒吧，網戀奔現就破滅？交友軟體世代的愛情難題

學者托馬（Catalina L. Toma）和漢考克（Jeffrey T. Hancock）在二〇一〇年研究了網路約會的情感和詐騙，以六十九位在網路提供自己身

體吸引力（physical attractiveness）資料的人為研究對象，找裁判來評分這些受測者的身體吸引力。

這個研究發現，身體吸引力條件較低的人，比較會誇大自己的身體指標資訊，如身高、體重、年齡等等。至於和身體吸引力無關的資訊如職業和收入，就不會被誇大或歪曲。而且這些欺騙是局部性和策略性的，很少人是全部都騙——除非他是間諜片裡那種臥底的，要全面轉換身分，或者美國獨有的證人保護計畫下的人，也要換全新身分。但是這種機率也太低了。

自我呈現、打造人設

這個研究引用了維克森林大學的李瑞（Mark R. Leary）和柯瓦斯基（Robin M. Kowalski）的「自我呈現的兩因素模型」（two-component model of self presentation），強調欺騙需要注意「**印象動機**」（**impression motivation**）和「**印象建構**」（**impression construction**）。

「印象動機」是指自我呈現者控制自己出現在別人面前的形象，「印象建構」則是選擇及做出自己在別人面前出現的形象。詐騙在剛開始、你還不知道動機時，它的過程有時看起來跟真實情況是一樣的。愛情詐騙也是一樣，他對你好，可能是他真的喜歡你，也可能是要騙你。

就詐騙者的立場來講，動機過程就是展現出更好的一面，不能讓你發現他的詐騙。建構過程則是一個身分的轉變，一旦進入詐騙行動，詐騙者的框架（frame）就是要跟你的一樣，讓你相信他是對你好。但那個框架只有他知道，你不知道。

誤導策略與擇偶策略比一比

國外也有一項研究指出，網路溝通和面對面溝通的差異在於網路溝通是靜態的（static），而且是以口頭（聲音）或照片方式呈現自己的外表。面對面溝通是動態的（dynamic），而且是具體的（embodied）。

另外，網路溝通仰賴視覺和語文表達，比面對面溝通提供了更多有意的和策略的自我表現方式。像我們這種老人家對網路交友就非常陌生，常常不太知道有些字眼是什麼意思，但在網路交友中卻很流行如此表達。

還有，外表吸引力比較差的人可以透過網路溝通，找到更多自我表現的方式。尤其是科技進步，有些修圖軟體很可怕啊，在抖音上開了這個程式後，網紅賣家都長一個樣子啊；要是忘了開的話，真的是你不能想像的長相。也因此有研究發現，百分之八十一的網路使用者，在個人資料中至少有一項並非事實，甚至在面對面互動中也不會被發現。

另外，二〇一〇年，學者霍爾（Jeffrey A. Hall）、卜南基（Namkee Park，譯音）、宋慧詠（Hayeon Song，譯音）及科第（Michael J. Cody）等人研究了網路約會的「策略性誤導」（strategic misrepresentation），特別著重其在「性別」、「自我監測」和「個人特質」的關係。研究用「策略性誤導」一詞取代「欺騙」，意即使用策略的人，有意地讓對方朝向他想要對方相信的方向。

這個研究發現，策略性誤導的性別差異在於，男性比較容易在個人資產、關係目標、個人興趣和個人特質等方面提出誤導，女性容易在體重方面提出誤導。這也可以和前面提到演化心理學的性別差異相互對照。演化上，女性會傾向選擇擁有資源和尋求以長期關係為目標的男性，而男性會選擇呈現出具有生育能力的女性（年輕、健康的外貌、腰臀比等等）。但必須提醒的是，這些演化心理學的觀念放到當代看來也流於刻板印象。

自我監測與人格特質的誤導

自我監測則是一個人為了讓人家對自己有良好印象，創造出最好的公開形象，對自己的言行和外表做出最恰當的表現（「印象管理」impression management），因此自我監測或他人導向是預測網路約會的策略性誤導的最佳要素。

高度自我監測的人會找尋更具有外表吸引力的網路約會對象，也會用盡各種策略（情感訴求和控制）來影響他人並達成目標。而低度自我監測的人比較能夠真誠地反應自己的態度、價值和信念，並會避免對別人情緒控制。

在這裡，「控制」是很重要的一個主題。怎麼知道一個人有沒有強烈的控制欲？就是他要知道你所有的訊息，你現在在哪裡、手機網路定位、在跟誰講話……一切都要在他的監視之下。

這種愛控制的人往往沒有強烈的自信，覺得不靠控制的話，自己會失去生活的重心，認為什麼事情都應該依照他的想法，這也是自戀型人格的一個特質。遇上這種人非常麻煩，他們往往還有暴力傾向，很可能是恐怖情人。

個人特質是指心理學的「五大人格特質」：情緒性、外向性、自律性、親和性和開放性。其中的親和性是指很好相處、人緣很好；自律性的人是上課準時、吃東西節制，生活的安排井井有條；開放性的人不害怕接觸新事物。這三項特質也和誤導有一致的關係。

就五大人格特質而言，研究結果顯示，情緒性和為了獲取約會而欺騙成正相關，而且往往會先表現自己情緒非常穩定。所以，該怎麼判斷對方是恐怖情人？我認為很難，因為在發生恐怖行為之前，對方是個很好的情人，甚至比一般情人更好。他可以對你很照顧、很溫馨、很體貼細緻。

這種情緒性的人往往是在對方到手後，控制的部分才慢慢出現，但那跟愛你的表現是一樣的，讓你覺得「他好愛我、好關心我跟誰出來，所以等一下吃完飯他會在樓下接我」，卻沒想到這是一種控制。

愛跟控制的表現可能一模一樣，看你怎麼解釋，感情很好時覺得這是愛你，感情不怎樣時，才覺得他在控制你。詐騙不也是這樣？不到最後發現他是詐騙時，他都對你很好，比如是關心你的權益才叫你趕快去轉帳給他，都是為了你好啊。

至於外向性人格則比較重視性活動，而且容易對伴侶不忠實。他們可能想在你不喜歡的地方、危險的地方，比如廁所、飛機上有性活動，很多A片就用這種題材滿足觀眾性幻想。自律性較低的人是不太在乎未來的結果，而注重一時的機會。親和性差的人也會為了獲取約會機會而採行策略性的誤導。開放性高的人比較有自信、才能和創意，也比較不會使用策略性的誤導來獲得約會。因此在這個意義上，開放性高的人是比較安全的。

放下人設，走入現實

霍爾等人上述的研究也回顧過去的相關理論，提出兩種理論模型：**「社會認同和去個別化模型」**（the social identification and deindividualization model; SIDE）和**「社會資訊處理理論」**（the social information processing〔SIP〕theory），來解釋使用網路交友的人們如何進行自我呈現。

第一種是**「社會認同和去個別化模型」**。「以電腦為媒介的溝通」（computer-mediated communication; CMC）具有匿名性，且提供最少的社會關係和人際線索，所以多半是靠社會類屬（social category），也就是團體身分如畢業學校、公司、工作職位等等，而不是個人身分來給人留下印象。

學歷、職位很受社會重視，交往交友時也是非常現實的考量。像我們以前求職，哪個大學畢業的大概已經決定一個人能不能被錄取，直到現在也還有這樣的心態。甚至唸什麼學校，在社會中也依然保證了這個人的某些特質，諸如很會考試的可能是個好人、容易找到工作的人。

第二種是**「社會資訊處理理論」**。這個理論在一九七八年由塞蘭尼克（Gerald R. Salancik）和菲弗（Jeffrey Pfeffer）創用，一九九二年被瓦爾特（Joseph Walter）引用到人際溝通及媒體研究的領域中。這個理論主要闡述以電腦媒介溝通的使用者，透過精選的語言和訊息的建構，來展現選擇性的個人表現。

在日常生活中，我們也會為了讓別人留下好印象而拿出自己最好的一面，至於不太好的地方，就暫且不提。但是，處理自我表現的能力增強，同時也就增加了誤導的機會。

二〇〇六年，艾利森（Nicole Ellison）、海諾（Rebecca Heino）和吉布斯（Jennifer Gibbs）三人的一項科學研究則指出，網路使用者往往都在真實的自我、正確的自我呈現和理想的自我、期待的自我呈現之間，尋找最合適的平衡點。就像現在的 YouTuber 需要經營自己、打造人設，如果要表現自己非常能幹的樣子，在 YouTube 上從穿著打扮到內容，都要塑造一個大師級人物的樣子。

只是這些自我之間的平衡如何尋找、怎麼呈現，而不會讓人際關係從網路延伸到現實見面時幻滅，甚至能走入真實生活後持續來往，也成為這個世代獨特的交友難題。

網路感情的詐騙能預防嗎？

二〇一七年，多馬（Catalina L. Toma）專門針對網路情感詐騙做研究，尤其討論了是否能夠預防或偵測出詐騙。研究中，網路使用者自行發展出偵測網路詐騙的方法，一般是詢問最近可以見面的時間，或是詢問對方制式的回答以及規避的問題。對於網路陌生人的可信賴度（trustworthiness）的偵測，則依靠以下三點：

一、**細微的徵兆**。例如貼出的照片數量、自我介紹的字數，越詳盡的話越可信。

二、**減少不確定（uncertainty reduction）的優先順序**。對方提供的資訊越多越可信賴——不管資訊內容是否有意義。

三、**溝通的風格（style of communication）很重要**。文字表達越清楚、越具體，就越可信賴。比如有人文風偏文青，有的偏理工。不過，對方提供的資訊或文章仍有可能作假，比如用一個人頭帳號發表好幾篇不同的東西，而且分別是不同的文字風格。

可惜目前的研究成果發現，一般人偵測網路詐騙的能力很差。不過研究也發現，專業人士和我們這些素人對於判斷詐騙的結果幾乎沒有差別，原因在於「真實偏見」（truth bias）、「非口語傳播徵兆的誤導」（misguidance of nonverbal cues）及「忽略基線資訊」（disregarding baseline information）。

「真實偏見」在於人類是合作的物種，不倚靠互相信賴，便難以持續社會生活。「非口語傳播徵兆的誤導」，指的是雖然逃避眼神接觸被認為是說謊的徵兆，但是許多研究結果都證明事實並非如此。「忽略基線資訊」則是說謊和平常的言行不同，因此要先了解對方平時的言行習慣，才能偵測出異常狀態，但日常言行卻是網友無法接觸的領域。

其實在漫長的人類歷史中，網路的出現只是最近幾十年的事，但有了智慧型手機以後，網路快速發展，社群、網路交友、網路一夜情等等變得普遍，也改變了現代人的人際往來模式。因此，這一章的主題雖然是愛情詐騙，但很多篇幅也是在探討網路——人們開始透過網路表現自己、證明自己的人際關係、發展與另一個人的感情關係，而不是在現實生活中。

然而男性或女性的擇偶策略改變，卻不只是因為網路，而是因為時代在前進，性別意識不同了，性別擁有的選擇也變得更多了。我們不需要再拘泥於某種單一的或傳統的意識，應該用新的眼光來理解，或許這樣也能同時降低情感中的詐騙行為。至於愛情，我的建議永遠是：**平等對待（或相愛）**、**共同奮鬥**。因為，愛是為了讓我們成為更好的人。了解詐騙也是一樣的。

結語

詐騙是現實，也是對美好世界的憧憬與追求

從前面各章節的敘述，希望我們可以比只從單一的道德譴責的情緒層面更加多元地了解到詐騙的各個方面。

首先、要提醒大家，我是隨著不同的主題脈絡運用了廣義和狹義的「詐騙」詞的：有時攏統地包括：「惡作劇」、「隱瞞」、「謊言」和「欺騙」，有時是專指法律上所規定的犯罪行為。一般來說，只要是言語方面表達的前後不合邏輯或矛盾或不一致，或是言語和行對相違（說一套做一套）都算。不過也不只如此，一個詐欺的城裡往往還要考慮到時間因素，有些詐欺要在經過一段時間才會「露出馬腳」，所以在沒

「露出馬腳」之前，詐欺的行為和正常的誠信行為並沒有差別，很難被辨識也是很自然的事。

還有，我們也會考慮到詐騙所牽涉的人群分類：詐騙者（個人或集團）還有我們也會考慮到詐騙所牽涉的人群分類：詐騙者（個人或集團、主謀或幫兇）、被騙者、旁觀者（執法者、網民）；詐騙過程中主要人群的行事動機、過程和結果；特別是詐騙的手法，更是防詐教育中所應該側重的主旨。這些方面，我們在書中舉例時會特別提醒，各位在閱讀相關案例時也應該更全面來注意這些詐騙面向。

其次，大家應該認識到「說謊」或「詐騙」並不只是邪惡的「詐騙集團」的「專利」，我們大家在日常生活中，多多少少都曾經有意無意地參與大大小小的「說謊」和「詐騙」的不同位置和角色。所以說，說謊和詐騙並不是別人的事情，而是我們大家的事情。對此，我們是可以決定不到生死存亡關頭，是不輕易說謊和詐騙的。這是有道德底線的事情，不能為了自己獲利而害人，寧可犧牲自己也不害人。最好的境界當然是大家不相害而能共存共榮。這是我們大家需要努力的目標。

雖然詐騙是令人痛恨的事情，嚴重一點的詐騙甚至是犯罪行為，但是有史以來到處就存在著詐騙。雖然人類一直在追尋能辨識謊言或詐騙的各種辦法和發明，可是效果顯然都不是很完善。不過也不應該因此灰心而被詐騙的現象打敗。詐騙無處不在的同時，每個社會也存在著揭發和懲罰詐騙的制度。詐騙集團的囂張逍遙都只是一時的，看看有多少詐騙集團能夠是「百年老店」？老老實實、誠實誠信的生活才是我們嚮往，甚至該身體力行，讓自己安身立命和讓社會永續發展的「王道」。

這些詐騙事件的存在和層出不窮，倒是可以讓我們理解到詐騙（集團）的生存之道，並且反映出社會上某些暗黑角落生存的人的生活現實，同時也映照出我們對美好世界的憧憬與追求。如何讓暗黑面的詐騙者和集團能夠回到光明面來，似乎也是一個值得深思和努力的課題。

有了前面幾章的基礎，我們可以從一些前輩社會學理論家的概念來審視詐騙。例如，奧地利裔美籍社會學家舒茲（Alfred Schutz, 1899-

1959）曾經提過「多重現實」（或譯為「真實」、「真相」、「實在」）（multiple realities）的觀念。我們如果對這個概念應用引申到詐騙事件的分析上，詐騙者在詐騙的過程中一直是活在「詐騙的現實」中，而被騙者則是活在「誠實的現實」中；等到事後某一時間點時，自己驚覺在整個自以為是「真實的現實」中被徹徹底底地詐騙了，被騙者也才會和詐騙者達到「原來這一直就是『詐騙的現實』」的共識。這時候，詐騙者多半已經揚長而去，「詐騙的現實」也因此而畫下句點。

如果用加拿大裔美籍社會學家高夫曼的「框架分析」（Frame analysis），詐騙者和被騙者在同一個社會情境中互動所「框定的」（frame）的現實是不一致的。詐騙者從一開始就是採取主動的「誆騙」模式，而被騙者則是被動地處於「正常社會生活的誠信」模式在互動。更複雜、更燒腦的情況還有「騙中騙」和「局中局」，就像俄羅斯套娃，一個騙局之外還潛藏著更多層次的騙局。情報工作中的雙面間諜，或是日本文藝作品《信用詐欺師 JP》或《詐欺獵人》（或稱「黑鷺」（kurosaki），他們設局來誘騙及揭發的「白鷺詐欺師」的騙人真面目）就是在這樣的「多層框架」中進行著。

另外，更值得一提的是高夫曼在我極力推薦的《日常生活的自我呈現》（The Presentation of Self in Everyday Life）第四章，先討論了日常生活中祕密的種類，分成兩大類：第一類包括「黑暗的」（dark）祕密、策略的（strategic）祕密和自己人的（inside）祕密等三種；第二類則包括「被信賴的」（entrusted）祕密和「自由的」（free）祕密兩種。

此外，他還專門討論了「表裡不一的角色」（discrepant role），列舉了六種：「臥底線民」（informer）、「混跡觀眾中的演員」（shill）、「觀察員」（spotter）、「到別家商店收集情報者」（shopper）、「居間調停者」（gobetween or mediator）、「非人」（non-person，如服務生或僕人）。這對我們觀察及思考日常生活中的可能不算是說謊或詐騙的「表裡不一現象」應該會有很大的助益。

也因為詐騙現象無所不在，稍微注意一下每天的新聞或新出的影視作品，幾乎可以隨處隨時發現。本書內容當然還是有不夠周全的地方，不過原來的三次課程中也有逐年對於某些內容的補充，希望一些本書沒有探討的主題，各位讀者也能本著舉一反三的學習效果，自己進行檢視，或者靜待我再繼續努力閱讀，將來有機會出版續篇時再一一補齊。

最後要再度提醒大家注意的是，我們了解的詐騙事件過程往往出自媒體的詳略不一的報導，或者是大眾媒體戲劇化的「再現」。這些應該都只是掌握了詐騙事件的大致輪廓，而缺少更多更細緻的內容。這讓我們對於整體詐騙事件其實是蒙上了一層或好幾層的「薄紗」，讓我們很難真正窺見詐騙的完整、真實面貌。認識這些真實面貌當然是一把雙面刃，可以讓我們不被騙，同時也可以讓我們用來騙人。要如何運用，當然還是要視各位在成長過程中早已經具備的道德觀，以及自己沒有注意到的幽暗面。我們當然希望大家都往光明面走，千萬不要墮入黑暗面。讓我們的道德力量隨時與我們同在！

參考書目（以書中引用順序排列）

Ch.1

1.《論語》（電子全文 https://ctext.org/analects/zh）

2.《孫子》（電子全文 https://ctext.org/art-of-war/zh）

3.《韓非子》（電子全文 https://ctext.org/hanfeizi/zh）

4.《世說新語》（電子全文 https://ctext.org/shi-shuo-xin-yu/zh）

5.（明）張應俞，1994，《杜騙新書》，上海：上海古籍。（電子全文 http://www.gutenberg.org/files/24021/24021-0.txt）

6.〈聖經中的謊言〉，恩沛，《聖靈》，463（2016 年 4 月），第 64-69 頁。http://www.joy.org.tw/file/holyspirit/463/201604-463-64

7. 亞里士多德，2003，《尼各馬可倫理學》，廖申白譯，北京：商務。

8. Aristotle. 1934. *The Nicomachean Ethics*. Tr. by H. Rackham. Cambridge, MA.: Harvard University Press.

9. 奧古斯丁，2009a，〈論說謊〉，收入其《道德論集》。石敏敏譯，北京：三聯書店，第 161-206 頁。

10. 奧古斯丁，2009b，〈致康賽提烏：駁說謊〉，收入其《道德論集》。石敏敏譯，北京：三聯書店，第 207-254 頁。

11. 聖多瑪斯．阿奎納，2008，《神學大全》，第十冊《論義德之功能部分或附德》，胡安德譯，台南和高雄：碧岳學社和中華道明會。

12. 馬基維利，（2012）2019，《君主論》，呂健忠譯，台北：暖暖書屋。

13. 康德，1990，《道德底形上學之基礎》，李明輝譯，台北：聯經。

14. 康德，2010，〈論出自人類之愛而說謊的所為法權〉，收入李秋零主編：《康德著作全集》，第八卷《1781 年之後的論文》，北京：中國人民大學，第 433-439 頁。

Ch.2

1. Robert K. Merton. 1936. “The Unanticipated Consequences of Social Action,” *American Sociological Review*, 1（December）: 894-904. Reprinted in his

Sociological Ambivalence and Other Essays. New York: The Free Press. 1976. Pp. 145-155.

2. Robert K. Merton. 1948. "The Self-Fulfilling Prophecy," *The Antioch Review*, 8, 2 (Summer) : 193-210.

3. Robert K Merton. 1968. *Social Theory and Social Structure*. New York: The Free Press.

4. Robert K Merton. (1981) 1982. "Our Sociological Vernacular," *Columbia*, (November) : 42-44. Reprinted in Aaron Rosenblatt and Thomas F. Gieryn. Eds. *Robert K. Merton: Social Research and the Practicing Professions*. Cambridge, MA.: Abt Books. Pp. 100-106.

5. Piotr Sztompka. 1999. *Trust: A Sociological Theory*. Cambridge: Cambridge University Press.

6. Russell Hardin. 2006. *Trust*. Cambridge: Polity.

7. Barbara A. Misztal. 1996. *Trust in Modern Societies: The Search for the Bases of Social Order*. London: Polity Press.

8. 馬克．格蘭諾維特（Mark Granovetter），2019，《社會與經濟：信任、權力與制度》，王水雄和羅家德合譯，北京：中信。

9. David Nyberg. 1993. *The Varnished Truth: Truth Telling and Deceiving in Ordinary Life*. Chicago: University of Chicago Press.

10. 伊安．萊斯禮（Ian Leslie），2012，《不說謊，我們活不下去！》（Born Liars: Why We Can't Live without Deceit），楊語芸譯，台北：漫遊者文化。

11. 馬克．L．納普（Mark L. Knapp）等人，2011，《謊言與欺騙：人類社會永不落幕的演出》，鄭芳芳譯，北京：機械工業。

12. 瑪莉亞．柯妮可娃（Maria Konnikova），2016，《騙局：為什麼聰明人容易上當》（The Confidence Game: Why We Fall for it…Every Time），洪夏天譯，台北：商周。

13. 保羅．艾克曼（Paul Ekman），2005，《說謊：揭穿商場、政治、婚姻的騙局》，鄧伯宸譯，台北：心靈工坊。

14. Bella M. DePaulo. 1995. "Deception," in Antony S. R. Manstead & Miles Hewstone. Eds. *The Blackwell Encyclopedia of Social Psychology*. Oxford:

Blackwell. Pp. 164-168.

15. Paul Ekman and Wallace V. Friesen. 1978. *Facial Action Coding System: A Technique for the Measurement of Facial Movement*. Palo Alto: Consulting Psychologists Press.

16. https://zh.wikipedia.org/zh-tw/測謊機

17. https://en.wikipedia.org/wiki/Mental_reservation

Ch.3

1. Anna Elisabetta Galeotti. 2012. “Self-Deception: Intentional Plan or Mental Event?” *Humana Mente*, 20（February）: 41-66.

2. Mark L. Knapp, Matthew S. McGlone, Darrin L. Griffin, Billy Earnest. 2016. *Lying and Deception in Human Interaction*. 2nd Edition. IA: Kendall Hunt Publishing.

3. 馬克・L・納普（Mark L. Knapp）等人，2011，《謊言與欺騙：人類社會永不落幕的演出》，鄭芳芳譯，北京：機械工業。

4. Leon Festinger. 1957. *A Theory of Cognitive Dissonance*. California: Stanford University Press.

5. Robert Trivers. 2000. "The Elements of a Scientific Theory of Self-Deception," *Annals of the New York Academy of Sciences,* 907, 1: 114-131.

6. Robert Trivers. 2011. *The Folly of Fools: The Logic of Deceit and Self-Deception in Human Life*. New York: Basic Books.

7. S. M. Essock, M. T. McGuire, & B. Hopper. 1988. "Self-Deception in Social-Support Networks," in J. S, Lockard & D. L. Paulhus. Eds. *Self-Deception: An Adaptive Mechanism?* Englewood Cliffs, N.J.: Prentice-Hall. Pp. 200-211.

8. Gary L. Albrecht, Patrick J. Devlieger. 1999. "The Disability Paradox: High Quality of Life against All Odds," *Social Science & Medicine*, 48, 8（April）: 977-988.

9. Joanna E. Starek and Caroline F. Keating. 1991. "Self-Deception and Its Relationship to Success in Competition," *Basic and Applied Social Psychology*, 12, 2（June）: 145-155.

10. Shelly E. Taylor & Jonathon D. Brown. 1988. "Illusion and Well-Being: A Social Psychological Perspective on Mental Health," *Psychological Bulletin*, 103, 2: 193-210.

11. Shelly E. Taylor & Jonathan D. Brown. 1994. "Positive Illusions and Well-Being Revisited: Separating Fact from Fiction" . *Psychological Bulletin*, 116, 1: 21–27.

12. Jack Block & C. Randall Colvin. 1994. "Positive Illusions and Well-Being Revisited: Separating Fiction From Fact," *Psychological Bulletin*. 116, 1: 28.

13. C. Randall Colvin and Jack Block. 1994. "Do Positive Illu,sions Foster Mental Health? An Examination of the Taylor and Brown Formulation," *Psychological Bulletin*, 116, 1: 3–20. https://doi.org/10.1037/0033-2909.116.1.3.

14. Delroy L. Paulhus & Kevin M. Williams. 2002. "The Dark Triad of Personality: Narcissism, Machiavellianism and Psychopathy," *Journal of Research in Personality*, 36: 556-563.

15. Robert D. Hare. 1985. "Comparison of Procedures for the Assessment of Psychopathy," *Journal of Consulting and Clinical Psychology*, 53, 1: 7–16.

16. Robert Raskin & Calvin S. Hall. 1979. "A Narcissistic Personality Inventory," *Psychological Reports*, 45: 590.

17. Richard Christie & Florence L. Geis. 1970. *Studies in Machiavellianism*. New York: Academic Press.

18. 瑪莉亞‧柯妮可娃（Maria Konnikova），2016，《騙局：為什麼聰明人容易上當》（The Confidence Game: Why We Fall for it…Every Time），洪夏天譯，台北：商周。

19. Natalie Zemon Davis. 1983. *The Return of Martin Guerre*. Cambridge, MA.: Harvard University Press.

20. 娜塔莉‧澤蒙‧大衛斯（Natalie Zemon Davis），2000，《馬丹‧蓋赫返鄉記》，江政寬譯，台北：聯經。

21. 娜塔莉‧澤蒙‧大衛斯（Natalie Zemon Davis），2009，《馬丁‧蓋爾歸來》，劉永華譯，北京：北京大學。

22. Milton Rokeach.（1964）2019. *The Three Christs of Ypsilanti*. New York: New York Review of Books.

23.《男兒本色》（Summersby，1993）由喬恩・艾米爾（Jon Amiel）執導，改編自尼古拉斯・梅耶（Nicholas Meyer）和莎拉・克諾肯（Sarah Kernochan）的劇本，改編自十六世紀法國農民馬丁・蓋爾的歷史記錄。

24.《三個基督》（Three Christs，2017）由瓊・艾弗納（Jon Avnet）執導，共同製作、撰寫的二〇一七年戲劇類電影，改編自米爾頓・羅克奇（Milton Rokeach）的非虛構類作品《三個基督》。

25.《神鬼交鋒》（Catch Me If You Can）是一部二〇〇二年上映的美國傳記類犯罪電影，史蒂芬・史匹柏執導，傑夫・納桑森編劇，李奧納多・狄卡皮歐、湯姆・漢克斯、克里斯多福・沃肯及馬丁・辛主演。劇情根據一九六〇年代著名詐欺犯法蘭克・威廉・艾巴內爾二世的同名自傳改編。

26.《創造安娜》（Inventing Anna）是一部美國劇情類型串流影集，改編自潔西卡・普萊斯勒在美國《紐約》雜誌上發表的文章〈安娜・狄維如何騙過紐約派對人士〉（How Anna Delvey Tricked New York's Party People）。由珊達・萊梅斯製作，安娜・克倫斯基和茱莉婭・加納主演，二〇二二年二月十一日在 Netflix 網飛首播。

Ch.4

1. https://zh.wikipedia.org/zh-tw/ 埃里克森社会心理发展阶段
2. 《韓非子・外儲說左上》（電子全文 https://ctext.org/hanfeizi/wai-chu-shuo-zuo-shang/zh）
3. Kang Lee. 2013. "Little Liars: Development of Verbal Deception in Children," *Child Development Perspective*, 7, 2（June）: 91-96.
4. Kang Lee. 2016. "Can you really tell if a kid is lying?" TED Talk（https://www.youtube.com/watch?v=6diqpGKOvic）
5. Chelsea Hays and Leslie J. Carver. 2014. "Follow the Liar: The Effects of Adult Lies on Children's Honesty," *Developmental Science*, 17, 6（November）: 977-983.
6. Victoria Talwar & Angela Crossman. 2011. "From Little White Lies to Filthy Liars: The Evolution of Honesty and Deception in Young Children," *Advances in Child Development and Behavior,* 40（January）: 139-179.
7. Robert S. Feldman, Jason C. Tomasian, Erik J. Coats. 1999. "Nonverbal

Deception Abilities and Adolescents' Social Competence: Adolescents with Higher Social Skills Are Better Liars," *Journal of Nonverbal Behavior*, 23, 3: 237–249. https://doi.org/10.1023/A:1021369327584

8. "Do You Know What Your Kids Are Hiding?" McAfee Digital Deception Study 2013.（https://www.mcafee.com/blogs/consumer/digital-divide/）

9. Mark L. Knapp, Matthew S. McGlone, Darrin L. Griffin, Billy Earnest. 2016. *Lying and Deception in Human Interaction*. 2nd Edition. IA: Kendall Hunt Publishing.

10. M. A. M. Ekman. 1989. "Kids' Testimony in Court: The Sexual Abuse Crisis," in Paul Ekman. Ed. *Why Kids Lie: How Parents Can Encourage Truthfulness*. New York: Penguin Books. Pp. 152-180.

11. Herbert Harrati and John W. McDavid. 1969. "Situational Influence on Moral Justice: A Study in Finking," *Journal of Personality and Social Psychology*, 11: 240-244.

12. John C. Holt. 1982. *How Children Fail*. Revised Edition. New York: Dell. Bella M. DePaulo, Andrey Jordan, Audrey Irvine, and Patricia S. Laser. 1982. "Age

Changes in the Detection of Deception," *Child Development*, 53: 701-709.

13. Alejo Freire, Michelle Eskritt, & Kang Lee. 2004. "Are Eyes Windows to a Deceiver's Soul? Children's Use of Another's Eye Gaze Cues in a Deceptive Situation," *Developmental Psychology,* 40, 6: 1093–1104. https://doi.org/10.1037/0012-1649.40.6.1093.

14. Ken J. Rotenberg, Nancy Eisenberg, Christine Cumming, Ashlee Smith, Mike Singh, and Elizabeth Terlicher. 2003. "The Contribution of Adults' Nonverbal Cues and Children's Shyness to the Development of Rapport between Adults and Preschool Children," *International Journal of Behavioral Development,* 27, 1（January）: 21-30. https://doi.org/10.1080/01650250143000571.

15. Peter A. Newcombe and Jennifer Bransgrove. 2007. "Perceptions of Witness Credibility: Variations across Age," *Journal of Applied Developmental Psychology*, 28, 4: 318–331. https://doi.org/10.1016/j.appdev.2007.04.003.

16. Victoria Talwar and Kang Lee. 2008. "Social and Cognitive Correlates of Children's Lying Behavior," *Child Development*, 79, 4（July-August）: 866-881. DOI: 10.1111/j.1467-8624.2008.01164.x

Ch.5

1. Jorg Meibauer. Ed. 2018. *The Oxford Handbook of Lying*. New York: Oxford University Press.

2. Vian Bakir, Eric Herring, David Miller and Piers Robinson. 2019. "Lying and Deception in Politics," in Jörg Meibauer. Ed. *The Oxford Book of Lying*. Oxford: Oxford University Press. Pp. 529-540.（本章主要參考材料出自此章）

3. 漢娜・鄂蘭（Hannah Arendt），（1963）2013，《平凡的邪惡—艾希曼耶路撒冷大審紀實》，施奕如譯，台北：玉山社。

4. 漢娜・鄂蘭（Hannah Arendt），（1973）1996，〈政治中的謊言－五角大廈文件的省思〉，收入其《共和危機》，蔡佩君譯，台北：時報文化，第1-34頁。

5. 約翰・米爾斯海默（John J. Mearsheimer），（2010）2011，《為什麼你的政府會說謊？揭開7種政治謊言背後的真相》，彭玲林譯，台北：商周。

6. John J. Mearsheimer. 2010. *Why Leaders Lie: The Truth About Lying in International Politics*. Oxford: Oxford University Press.

7. Max Weber.（1919）1946. "Politics as a Vocation," Trs. by Hans H. Gerth and C. Wright Mills. In Hans H. Gerth and C. Wright Mills. Eds. *From Max Weber: Essays in Sociology.* New York: Oxford University Press. Pp. 77-128.

8. Max Weber.（1919）1978. "Politics as a Vocation," Partially Translated by E. Matthew. In W. G. Runciman. Ed. *Max Weber: Selections in Translation.* Cambridge: Cambridge University Press. Pp. 212-225.

9. 韋伯，（1919）1985／1991，〈政治當作一種志業〉，錢永祥譯，收入《學術與政治：韋伯選集（I）》，臺北：允晨；重印本：台北：遠流。

10. 韋伯，（1919）2018，《以政治為志業》，李中文譯，台北：暖暖書屋。

11. 韋伯，（1919）2021，《以政治為業》，呂淑君譯，收入《馬克斯・韋伯全集》，第17卷，北京：人民，第 112-235 頁。

Ch.6

1. Julian Paul Keenan, Gorgon G. Gallup Jr., Nicole Goulet, Mrinmoyi Kulkarni. 1997. "Attributions of Deception in Human Mating Strategies," *Journal of Social Behavior & Personality*, 12, 1: 45–52.

2. William Tooke & Lori Camire. 1991. "Patterns of Deception in Intersexual and Intrasexual Mating Strategies," *Ethology & Sociobiology*, 12, 5: 345–364. https://doi.org/10.1016/0162-3095（91）90030-T

3. Martie G. Haselton, David M. Buss, Viktor Oubaid & Alois Angleitner. 2005. "Sex, Lies, and Strategic Interference: The Psychology of Deception Between the Sexes," *Personality & Social Psychology Bulletin*, 31, 1（January）: 3-23.

4. Sandra Metts. 1989. "An Exploratory Investigation of Deception in Close Relationships," *Journal of Social and Personal Relationships*, 6: 159-179.

5. Katlyn Elise Roggensack and Alan Sillars. 2014. "Agreement and Understanding about Honesty and Deception Rules in Romantic Relationships," *Journal of Social and Personal Relationships*, 31, 2: 178–199.

6. Tim Cole. 2001. "Lying to the One You Love: The Use of Deception in Romantic Relationships," *Journal of Social and Personal Relationships*, 18, 1: 107-129.

7. Catalina L. Toma and Jeffrey T. Hancock. 2010. "Looks and Lies: The Role of Physical Attractiveness in On-Line Dating and Deception," *Communication Research*, 37, 3: 335-351.

8. Jeffrey A. Hall, Namkee Park, Hayeon Song, & Michael J. Cody. 2010. "Strategic Misrepresentation in Online Dating: The Effects of Gender, Self-monitoring, and Personality Traits," *Journal of Social and Personal Relationships*, 27, 1: 117-135.

9. Gerald R. Salancik and Jeffrey Pfeffer. 1978. "A Social Information Processing Approach to Job Attitudes and Task Design," *Administrative Science Quarterly, 23, 2*: 224–253. https://doi.org/10.2307/2392563.

10. Nicole Ellison, Rebecca Heino, and Jennifer Gibbs. 2006. "Managing Impressions Online: Self-Presentation Processes in the Online Dating Environment," *Journal of Computer-Mediated Communication*, 11, 2（Jan）: 415-441. https://doi.org/10.1111/j.1083-6101.2006.00020.x

11. Catalina L. Toma. 2017. "Developing Online Deception Literacy while Looking for Love," *Media, Culture, & Society*, 39, 3: 423-428.

結論

1. Alfred Schutz.（1945）1967. "On Mutiple Realities," Philosophy and

Phenomenological Research, 5（June）. Reprinted in Maurice Natanson. Ed. *Alfred Schutz: Collected Papers. Vol. 1. The Problem of Social Reality*. The Hague: Martinus Nijhoff. Pp. 207-259.

2. Erving Goffman. 1974. *Frame Analysis: An Essay on the Organization of Experience*. New York: Harper & Row.

3. Erving Goffman.（1956）1959. *The Presentation of Self in Everyday Life*. New York: Doubleday.

4. 戈夫曼，1989，《日常生活的自我表演》，徐江敏譯，李姚軍校，昆明：雲南人民。

5. 戈夫曼，1989，《日常生活的自我呈現》，黃愛華和馮鋼合譯，浙江人民，北京：北京大學再版，2022。

6. 高夫曼，1992，《日常生活的自我表演》，徐江敏譯，余伯泉校訂，臺北：桂冠。

國家圖書館出版品預行編目資料

詐騙社會學：華人第一本探索詐騙、謊言與信任的專書．-- 臺北市：三采文化股份有限公司，2023.09
面；　公分．--（Focus；103）
ISBN 978-626-358-166-1（平裝）

1.CST: 社會學

541.75　　　　112012217

Focus 103

詐騙社會學

華人第一本探索詐騙、謊言與信任的專書

作者｜孫中興
主編｜戴傳欣　文字編輯｜林欣誼　美術主編｜藍秀婷　封面設計｜李蕙雲　內頁排版｜陳佩君
校對｜黃薇霓　行銷協理｜張育珊　行銷企劃主任｜陳穎姿

發行人｜張輝明　總編輯長｜曾雅青　發行所｜三采文化股份有限公司
地址｜台北市內湖區瑞光路 513 巷 33 號 8 樓
傳訊｜TEL: (02) 8797-1234　FAX: (02) 8797-1688　網址｜www.suncolor.com.tw
郵政劃撥｜帳號：14319060　戶名：三采文化股份有限公司
本版發行｜2023 年 9 月 1 日　定價｜NT$480

Sociology of Deceit and **Deception**

Sociology of Deceit and **Deception**